BRIGITTE LANGEVIN

Comprender los dibujos
de mi hijo

EDICIONES OBELISCO

Si este libro le ha interesado y desea que le mantengamos informado
de nuestras publicaciones, escríbanos indicándonos qué temas son de su interés
(Astrología, Autoayuda, Ciencias Ocultas, Artes Marciales, Naturismo,
Espiritualidad, Tradición...) y gustosamente le complaceremos.

Puede consultar nuestro catálogo en www.edicionesobelisco.com

Colección Psicología
COMPRENDER LOS DIBUJOS DE MI HIJO
Brigitte Langevin

1.ª edición: abril de 2014

Título original: *Comprendre les dessins de mon enfant*

Traducción: *Pilar Guerrero*
Maquetación: *Montse Martín*
Corrección: *M.ª Ángeles Olivera*
Diseño de la cubierta: *Marta Rovira*

© 2011, Les Éditions de Mortagne
(Reservados los derechos)
© 2014, Ediciones Obelisco, S. L.
(Reservados los derechos para la presente edición)

Edita: Ediciones Obelisco, S. L.
Pere IV, 78 (Edif. Pedro IV) 3.ª planta, 5.ª puerta
08005 Barcelona - España
Tel. 93 309 85 25 - Fax 93 309 85 23
E-mail: info@edicionesobelisco.com

ISBN: 978-84-15968-52-8
Depósito Legal: B-7.315-2014

Printed in Spain

Impreso en España en los talleres gráficos de Romanyà/Valls, S. A.
Verdaguer, 1 - 08786 Capellades (Barcelona)

A Belinda, Lindie, Carl,
Tamara, Victor, Éléonore
Christine, Marc…

… y con un poco, o más bien mucha pasión,
a mi hija Karelle
A todos los padres y a los educadores.

AGRADECIMIENTOS

Éste es un libro que se ha escrito en soledad, pero que se ha realizado con el apoyo, los ánimos y el amor de los que creen en nosotros y en nuestro proyecto. Expreso mi más profunda gratitud a todas esas personas a las que quiero tanto.

Doy las gracias, particularmente, a mi grupo de Mastermind, compuesto por Benoît, David, Frank, Frankie y Markus, por su apoyo en este proyecto.

Mil gracias a Carole Fortin por su inestimable colaboración en la corrección del manuscrito y sus acertados comentarios.

Un especial agradecimiento a Johanne E. Bergeron, experta certificada en escritura de documentos, con la que he trabajado durante tres años y que ha sabido trasmitirme una sólida base en grafoanálisis.

Mi reconocimiento se dirige también a todos los padres que me han facilitado los dibujos de sus hijos y que han compartido sus vivencias conmigo, así como a los parvularios que han querido participar en este proyecto.

Gracias a todo el equipo de Éditions de Mortagne, que se han mostrado entusiastas desde el primer momento con mi proyecto. ¡La confianza que han depositado en mí me da alas!

*El dibujo del niño,
memoria del mundo,
recuerdo de vida.*

Anónimo

INTRODUCCIÓN

¿Qué padre o qué maestro no se ha sentido alguna vez intrigado por el dibujo de un niño? En efecto, algunos dibujos infantiles nos dejan perplejos. Ya sea porque se han centrado en algunos elementos en detrimento de otros, por el aspecto terrorífico o sombrío de algunas formas, o por la exuberancia del trazo, ciertos dibujos se nos presentan como enigmas que deben resolverse. ¿Qué significa ese dibujo? ¿Qué vivencias tiene ese niño para dibujar tal cosa?

Más allá de la estética, sentimos de manera intuitiva que el dibujo desvela desde el principio aquello que nos muestra. Tanto si somos padres como si somos educadores ¿no hemos querido guardar algunos de esos dibujos aunque no sean precisamente bonitos?

En efecto, el dibujo de un niño expresa su universo interior, tanto en el plano afectivo como a nivel de desarrollo psicológico e intelectual. Como en un juego, el dibujo expresa su auténtica visión del mundo, un momento particular de su historia. Por otra parte, los resultados de los test psicológicos ofrecen otros datos interesantes para conocer la psique del niño. Ahora bien, la interpretación de las producciones gráficas se utiliza en los test de evaluación de inteligencia, de evaluación afectiva y en algunas psicoterapias. El interés fundamental de esta interpretación del dibujo es el acercamiento al niño.

Dibujar es un gesto espontáneo que responde a una intención precisa, en particular para los niños, que aún no pueden expresarse claramente, con las palabras precisas, y para los que tampoco saben escribir aún.

Más allá de la intención consciente del pequeño, un dibujo que se ofrece de manera espontánea, sin solicitarlo, comporta un segundo nivel de lenguaje, un mensaje oculto, procedente del inconsciente.

Ningún dibujo escapa a esta emergencia del inconsciente. Al observar más allá del tema escogido por el niño, descubrimos que el dibujo nos explica una historia íntima y preciosa: la de la evolución de su psique.

En efecto, el inconsciente se expresa a través de la imagen, en el dibujo, del mismo modo que lo hace mediante los sueños.

En mi vida personal, a través de los sueños entré en el universo del dibujo y sus símbolos. En tanto que madre, seguí el camino de mi hija a través de sus dibujos y comprendí mejor sus sentimientos en las situaciones importantes de su vida, de nuestra vida. Mi comprensión de sus creaciones, en ese momento, era aún muy intuitiva.

Con el tiempo, desarrollé una comprensión cada vez más profunda del simbolismo del dibujo, tras haber recibido formación sobre sueños en la Escuela de Sueños de Nicole Gratton. Inmediatamente capté el estrecho nexo que existía entre el simbolismo de las imágenes oníricas y el de los dibujos. Con los años fui observando numerosos dibujos infantiles que me permitieron extrapolar las grandes líneas de este maravilloso universo. Hoy quiero compartir con vosotros este precioso tesoro.

Por otra parte, las diversas lecturas en el ámbito de la psicología me permitieron basar mis reflexiones en sólidos cimientos, al mismo tiempo que verificarlas de manera regular mediante mi praxis. Gracias a las investigaciones llevadas a cabo por psicólogos y especialistas pediátricos, la documentación científica nos enseña mucho sobre el desarrollo del niño en general, sobre las diferentes problemáticas que pueden afectar a cada pequeño. Pero cada niño es único. Cada padre y cada madre son los expertos que mejor conocen a su propio hijo. Tras muchos años analizando dibujos infantiles, los padres siempre me sorprenden por su perspicacia, a menudo inconsciente, a la hora de traducir el contenido real de un dibujo. Salvo las más interesantes, en esta obra no citaremos documentación científica para no convertir la lectura de este libro en una pesada tarea. Invito, sin embargo, a los lectores a que consulten la bibliografía que se cita al final de la obra, para profundizar en las nociones descritas.

El principal objetivo de esta obra es, pues, familiarizarse con algunos principios sencillos que permitirán ver los dibujos infantiles con otros ojos, captando, a través de los diferentes elementos que los componen, la personalidad del niño. Dichas nociones son aplicables a los dibujos de todas las edades. Los ejemplos que se comentan en este libro pertenecen a niños y niñas de dos a doce años. Los adolescentes asocian los dibujos al mundo de la infancia, de manera que no suelen utilizar esta forma de expresión a menos que se sientan atraídos por las artes visuales. Algunos de ellos prefieren reproducir personajes famosos del mundo del cómic, lo cual no es en absoluto representativo de su desarrollo personal.

Debe tenerse en cuenta que los dibujos de los niños maltratados, víctimas de abusos o con problemáticas complejas no se tratarán en este libro. Dichos casos deben ser exclusivamente tratados por los correspondientes profesionales desde aproximaciones terapéuticas, ya sean psicoanalistas, psicólogos, psicoterapeutas o cualquier otro profesional de la imaginería mental proyectiva. Si un niño pasa por una fase particularmente perturbadora, o si su comportamiento ha cambiado de manera brusca e inexplicable, se recomienda que acuda a uno de estos profesionales.

Además, en la lectura de esta obra, descubrirás la evolución de las aptitudes gráficas del niño, lo que es conveniente observar en un dibujo y las reglas esenciales para una buena interpretación. Conocerás el sentido de los símbolos personales y culturales más frecuentes. Gracias a la abundante información interesante, sobre todo en lo que se refiere al dibujo de la familia, podrás comprender mejor cómo se sitúa el niño en el seno de su familia y cómo percibe a cada uno de los miembros.

Esta obra no te propulsará hasta el nivel de los expertos en la interpretación de dibujos infantiles, pero hará de ti un padre o un educador versado, capaz de «ver» más allá del aspecto puramente gráfico del dibujo. Esta lectura te ofrecerá las nociones necesarias para ver los dibujos infantiles desde otro ángulo. Espero que este libro te resulte inspirador y que favorezca relaciones aún más armoniosas con tus hijos, tus alumnos o con los pequeños que tengas cerca en tu vida.

1

La evolución del dibujo en el niño

Un dibujo vale más que mil palabras

Al dibujar, el niño desvela una parte de sí mismo, con independencia del medio utilizado: lápiz, colores, ceras, pasteles o rotuladores. Traduce su mundo emocional mediante las formas y los colores. Revela su visión de la vida, lo que le gusta y lo que no, su entusiasmo, sus alegrías, pero también sus enfados, sus inquietudes y sus frustraciones. El dibujo permite al niño exteriorizar sus pulsiones y sus emociones excesivas. El niño aprende, se descubre y experimenta en el dibujo los diferentes aspectos de la vida.

El dibujo también explica cómo se sitúa el niño en relación a su entorno familiar o social. Nos habla de su adaptación a las nuevas situaciones. El dibujo evoluciona al mismo ritmo que el niño, al hilo de su aprendizaje y sus trasformaciones.

Tampoco hay que pensar que cada vez que un niño hace un dibujo, esté viviendo un momento difícil. El mensaje oculto en sus creaciones puede ser de felicidad, de satisfacción o de un enfado reciente (por ejemplo, si su madre lo ha obligado a levantarse temprano y vestirse corriendo para llegar puntuales a la escuela), o incluso de una frustración (un compañero de la guardería le ha quitado su juguete favorito). El dibujo refleja un sentimiento actual y muy fresco.

Aunque un dibujo represente elementos cargados de ira, no se puede concluir que el niño esté colérico y que su vida emocional esté en peligro: los niños viven muchísimas emociones cambiantes. El dibujo pone de manifiesto un aspecto parcial y cambiante de su personalidad. En este sentido, nunca puede tomarse como un medio exclusivo para conocer al niño. La observación de su comportamiento, el contexto de su vida, su forma de entrar en contacto con los adultos y con otros niños de su edad, constituyen datos que hay que tener en cuenta en el seno de un perfil global.

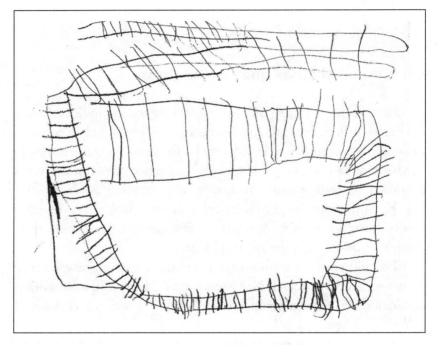

Figura 1. Dibujo de Frédéric, de 3 años, realizado con lápiz.

El dibujo refleja buena parte del consciente del niño y, en este sentido, revelará sus gustos personales y sus pasiones. Por ejemplo, un niño que se sienta muy atraído por los trenes los dibujará a menudo, evidentemente con mucha más frecuencia que cualquier otro niño. La niña mayorcita entre cuatro y seis años que pase por su «etapa princesa» dibujará princesas a diestro y siniestro, más que en cualquier otro momento de su vida. Además de reflejar el estado de ánimo, el dibujo trasmite lo más profundo de la personalidad y del inconsciente.

En el dibujo de la página anterior (figura 1), se ven los raíles de las vías de un tren. Frédéric se sentía fascinado por los trenes y empezó a dibujar vías en cuanto pudo coger un lápiz con sus manitas. Este niño practicaba, al mismo tiempo, su habilidad para trazar líneas rectas. Además, el dibujo denota la presencia de estructura y cierta organización espacial.

Figura 2. Dibujo de Emmy, 5 años, realizado con colores.

Los miembros de la familia de Emmy (Johanne y Marc) se han convertido en príncipes y princesas. El dibujo trasmite alegría, felicidad (*véase* figura 2). En el universo de Emmy, todo el mundo es príncipe o princesa. El sol radiante y los corazones denotan un ambiente festivo, afectivo y cálido. El espacio está ocupado de manera armoniosa. Se trata del dibujo de una niña feliz.

Veamos ahora algunas anotaciones en cuanto a la evolución general del dibujo en los pequeños.

Para empezar, el hecho de sostener un lápiz en las manos es toda una proeza. La primera etapa es la del garabato. Hay que dejar que el niño se imbulla en el mundo del garabato libremente, que disfrute. Cuanto más crezca, más entenderá el dibujo como un juego. Poco a poco, los trazos se irán orientando y tomando forma. El niño solito aprenderá a controlar su herramienta de dibujo. Luego podrá expresarse con facilidad a través de él. En algunas ocasiones, un niño mayorcito puede regresar a la etapa del garabato de forma puntual, y no tiene por qué parecernos una regresión. Ese comportamiento es normal mientras no sea persistente; no debemos que creer que hay un problema. Cada niño posee su propio ritmo de aprendizaje; la edad varía de un niño a otro en cuanto a la adquisición de habilidades gráficas.

De los dieciocho meses a los dos años

Antes de los dos años, el garabato se hace siempre sin levantar la mano del papel. Suelen pintarse formas circulares, más o menos redonditas, que se suceden en espiral. Las formas circulares son más fáciles de trazar que los ángulos, los cuales aparecen un poco más tarde.

En efecto, trazar un ángulo implica una ruptura con el ritmo y el movimiento. Según algunos psicólogos, el trazo en esta corta edad ya refleja rasgos del carácter: las líneas curvas se asocian a caracteres tranquilos y más bien introvertidos. Los trazos angulares y rectos indican un temperamento extrovertido y activo. De manera general, entre los dieciocho meses y los dos o tres años, más o menos, el niño experimenta, antes que expresarse.

Éste es el dibujo de un niño de temperamento activo y movido.

Figura 3. Dibujo de Philippe, de 22 meses, realizado con ceras.

Por otra parte, este dibujo de movimientos vivos, cuyos trazos ocupan casi todo el espacio disponible, revela un niño que acapara con generosidad su propio espacio y que sabe llamar perfectamente la atención de sus padres. Abordaremos el concepto de utilización del espacio un poco más adelante.

El siguiente dibujo es el de un niño por lo general tranquilo, pero muy intenso en algunos momentos.

21

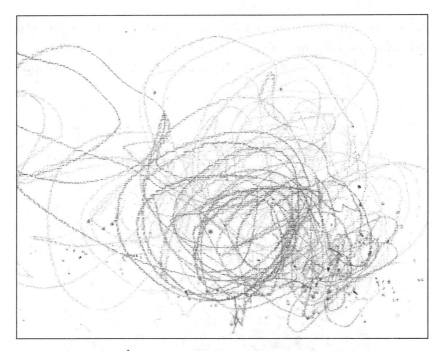

Figura 4. Dibujo de Émilie, de 21 meses, realizado con ceras.

Dos años

Con dos años, el niño empieza a adquirir el dominio del gesto y es capaz de levantar la mano para trazar diferentes figuras sucesivamente. Pasa del trazo continuo al discontinuo. Se ve aparecer una figura central y otras aisladas.

Con esta edad, un dibujo armonioso contiene trazos curvos y formas angulosas, señal de un buen equilibrio entre adaptación y afirmación de sí mismo. Demasiada suavidad y trazos muy redondos dan fe de una criatura adorable, pero pasiva y sin mucha capacidad para defenderse. Demasiadas puntas y ángulos revelan un carácter vivo, combativo, voluntarioso, pero agresivo y poco sociable.

El niño manifiesta poco a poco el deseo de representar algo concreto. Se constata algún parecido entre lo que dibuja y algún objeto real, parecido que sólo él encuentra. De este modo, a medida que experimenta con las formas, les atribuye una significación posible. El niño suele nombrar el objeto representado porque desea que su dibujo sea algo real.

En el siguiente ejemplo, Gabriel le dio este dibujo a su madre mencionando escuetamente lo que era: «una mano».

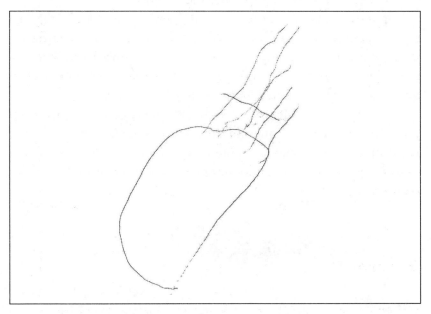

Figura 5. Dibujo de Gabriel, de 30 meses, realizado con un bolígrafo roller.

En ocasiones, en otro momento, el niño atribuirá una significación distinta al mismo dibujo, por eso es importante pedirle que nos lo explique justo al acabarlo, para entender el sentido inicial que le atribuye a su creación.

Cuando un niño nos presenta un dibujo, es prudente no presumir nada. Evitemos enunciar lo que nos parece. En caso de error, podemos ofender gravemente la autoestima del pequeño, que suele ser frágil a estas cortas edades. Volveremos sobre este tema más adelante.

Tres años

El niño empieza realmente a expresarse a través de sus dibujos a partir de los tres años de edad. Su objetivo no es la estética, sino la experiencia, el dominio y el descubrimiento. El niño experimenta con multitud de circulitos. Puede, del mismo modo, intentar reproducir el trazo de un adulto. A menudo, nos informa con anterioridad de lo que pretende dibujar, justo antes de hacerlo.

Algunos pequeños controlan muy bien el lápiz desde el principio, mientras que para otros (cosa que también ocurre entre los adultos) intentar hacer un trazo limpio es un drama. Unos demuestran talento innato y otros no. ¡Qué se le va a hacer! Pero nunca hay que relacionar la habilidad gráfica con la inteligencia.

Tomemos como ejemplo los dos dibujos siguientes (figuras 6 y 7). Josh y Hugo han querido dibujar su héroe favorito: Batman. Estos niños tienen prácticamente la misma edad, sólo se llevan un mes, sin embargo, el segundo dibujo está mucho más estructurado.

Figura 6. Dibujo de Josh, de 3 años y 10 meses, realizado en colores.

Figura 7. Dibujo de Hugo, de 3 años y 9 meses, realizado en colores.

Cuatro y cinco años

Alrededor de los cinco años, el niño se esfuerza por representar no lo que ve, sino lo que sabe. Así, un animal de perfil quedará modificado según cómo lo vea el niño, según el concepto que tenga de dicho animal y la información que posea sobre él. Las mesas se representan con sus cuatro patas, de manera por completo plana, sin perspectiva alguna. A esta edad también aparece el fenómeno de la trasparencia. Así, los miembros de los personajes se pueden ver a través de la ropa y los muebles se ven dentro de las casas. Se dibujan objetos dentro de otros objetos, como si fueran trasparentes.

Figura 8. Dibujo de Megan, de 5 años, realizado con colores.

En el dibujo de la figura 8, distinguimos un perro de perfil con sus cuatro patas y sus dos ojos.

De los seis años en adelante

A partir de los seis años, el niño intenta acercarse a la realidad visual. Reproduce, de la manera más fiel posible, aquello que ve, y se esfuerza por respetar los colores reales, las distancias y las dimensiones respectivas de los diferentes elementos. El dibujo pierde entonces fantasía y se va tornando formal.

En el siguiente dibujo, el artista no sólo ha añadido muchos detalles, sino que también ha intentado representar la tercera dimensión en la chimenea, las paredes, la mecedora, etcétera.

Figura 9. Dibujo de Marianne, de 10 años, realizado en colores.

Ahora propongo dos dibujos para poner a prueba tu sentido de la observación. Éstas son las figuras 10 y 11.

Figura 10. Dibujo de Christine, realizado en gouache.

¿Hay algún detalle concreto que llame tu atención? Para empezar, si echamos un primer vistazo, se ve que este dibujo en gouache lo ha hecho un niño o una niña pequeños. En efecto, la artista es una niña de dos años que se lo ha pasado bomba repartiendo colores por todas partes con sus deditos mojados en pintura.

No obstante, este dibujo tiene trampa. ¿La ves?

Si observamos atentamente, hay un sol en la esquina inferior derecha, cuyo contorno y rayos están muy bien hechos, mucho más limpios que el otro sol que se ve en la esquina superior izquierda. Está claro que el sol inferior lo ha pintado un adulto. La niña, ayudada por el adulto, ha imitado el mismo sol en la parte superior de la hoja.

Felicidades a los que se han dado cuenta de que uno de los soles pertenece a una mano adulta, más experimentada que la manita de la niña.

Figura 11. Dibujo de Philippe, realizado a carboncillo.

Te invito nuevamente a que observes la obra de este joven artista a ver si adivinas su edad. ¡Observa con atención! Este dibujo siembra el desconcierto entre todo el mundo. Los observadores a los que hemos preguntado ¡creen que el autor tiene desde los catorce años hasta treinta! Pero la realidad es que el niño tiene sólo cuatro años. ¿Qué pasa entonces? ¿Es un niño superdotado? ¿Un genio de la pintura? Pues no necesariamente. Este dibujo revela con claridad un talento precoz, pero nada más.

El dibujo en cuestión contiene un parámetro que te habría ayudado a concluir que su autor no puede tener más de seis años: en efecto, no hay nada escrito en la etiqueta de la botella. Un niño que sabe escribir, escribe. Quien deja una etiqueta en blanco es porque no sabe escribir.

El objetivo de este ejercicio (seguro que te has dado cuenta) es demostrar que más allá de la teoría sobre la evolución del dibujo en cada edad, existe un gran abanico de factores que no deben olvidarse. Tu sentido de la observación y la sensatez serán siempre los mejores aliados. Sobre todo, no te desanimes si fracasas en estos primeros ejercicios de observación. Cuantos más dibujos infantiles mires, más hábil te irás volviendo y más detalles importantes podrás interpretar.

2

REGLAS DE ORO PARA APLICAR EN LOS DIBUJOS INFANTILES

Las nociones anteriores te han aportado las nociones básicas para comprender los dibujos de los niños desde el punto de vista de su evolución madurativa. Ahora presentaremos algunas reglas esenciales que todo padre o educador deseoso de adentrarse en el universo de los dibujos infantiles debería conocer.

Recibir el dibujo tal cual es

Acepta el dibujo con buena cara y buena disposición, con independencia de como sea. Cuando un niño ofrece su dibujo, nos está dando un mensaje, se abre a nosotros, es un acto de amor. Una mirada crítica o indiferente puede herir al pequeño gravemente. Se trata de que dejes de lado tus expectativas en cuanto a la ejecución y el resultado. En consecuencia, aparece una nueva regla.

Apreciar el dibujo más allá de la estética

La apreciación de la calidad estética de un dibujo es por completo subjetiva. Nuestro objetivo, aquí, no es proceder como críticos de arte, ni evaluar talentos, sino conocer al niño que ha producido el dibujo.

Además, el talento artístico del niño no tiene nada que ver con el valor simbólico de su dibujo. Este último revela la psique del niño, aunque estéticamente sea un desastre. Por tanto, un dibujo puede ser muy bonito y no expresar nada interesante, mientras que otro feo y mal ejecutado puede ser muy creativo y decir mucho del niño que lo ha hecho.

Evita, a toda costa, desacreditar un dibujo porque te parezca feo o alejado de la realidad. Debes partir del principio de que es un dibujo perfecto, una obra maestra del artista. La próxima vez que un niño te ofrezca su dibujo, dale las gracias e invítalo de manera abierta a que te lo explique en detalle.

Evita intervenir en el dibujo de un niño

El dibujo refleja el mundo interior del pequeño y, en ese sentido, merece todo el respeto. El adulto puede utilizar ese conocimiento para acercarse más al niño, pero en ningún caso puede intervenir en la ejecución de la obra porque es un territorio íntimo.

Es importante dejar que el niño sea el dueño absoluto de su creación, tanto en el tema que escoja como en su forma de representarlo. Las escenas depresivas o agresivas tienen su razón de ser y son tan importantes y valiosas como los escenarios paradisíacos e idílicos. Cada etapa es necesaria y forma parte de la evolución.

En este sentido, no incites a un niño a que modifique su obra para que se corresponda a «tu idea» sobre el tema evocado. Por ejemplo, si no ha dibujado manos a los personajes, no hay que invitarlo a hacerlas sugiriéndole que tiene que acabar el dibujo bien.

Un caso sangrante es el de la representación de la familia. El pequeño no siempre refleja la realidad familiar objetiva, de manera que el adulto tiene tentaciones de intervenir para que modifique el dibujo: «Me parece que te has olvidado de dibujar a tu hermana ¿no?». También hay gente más sutil que insiste: «¿Estás seguro de que has terminado? ¿No crees que falta alguien?». Ante esta insistencia, algunos niños ceden y dibujan «el personaje olvidado», pero lo hacen de tripas corazón porque no querían dibujarlo. Otros niños más firmes se limitarán a negarse a dibujar lo que no quieren y justificarán las ausencias porque han salido de paseo o están en el baño. Algunos se niegan a dibujar a los personajes ausentes sin justificación alguna, simplemente porque no quieren.

Aunque te sientas conmovido, decepcionado o contrariado por el dibujo incompleto del niño, no dejes de tener en cuenta que el niño plasma su realidad actual, su percepción interior, un auténtico tesoro si quieres conocer sus sentimientos más profundos.

Figura 12. Dibujo de Florence, de 4 años, realizado con rotuladores.

Veamos, por ejemplo, el dibujo de Florence (figura 12). La madre observaba a su hija mientras ésta dibujaba. Para justificar la ausencia de su hermanito Étienne, de dieciocho meses, la niña alegó que el bebé estaba en la tripa de la mamá. Como no le pareció una excusa creíble, cambió sola de argumento y alegó que el bebé estaba en casa de los abuelos. Siguió dibujando, y cuando su madre le preguntó: «¿Ya has terminado?», la niña dudó, respondió que no y acabó por añadir al hermanito, deprisa y corriendo.

En ese dibujo, Florence se coloca en medio, entre el padre y la madre, cogiendo de la mano a ambos. Todo indica que acabó dibujando a su hermano a toda prisa sólo para complacer a la mamá. Sin duda alguna, la llegada de un hermano sigue siendo para ella una situación amarga y peligrosa, aún no integrada y aceptada por completo. A pesar de ello, los personajes sonríen y el sol brilla, lo que indica que su percepción del ambiente familiar es feliz.

Figura 13. Dibujo de Lindie, de 5 años, realizado con rotuladores.

En la figura 13, todos los personajes están arrinconados a la derecha del papel. Como a la madre le parecía que la niña había dibujado así a los personajes por falta de espacio, dado que el centro de la hoja estaba ocupado por un gran abeto navideño, le pidió que hiciera el dibujo de nuevo, esta vez sin abeto, para que tuviera espacio suficiente para las personas. Hay que puntualizar que este dibujo se realizó durante las fiestas de Navidad, que la niña acababa de aprender a dibujar abetos y que los dibujaba a todas horas y por todas partes, orgullosa de su habilidad. Lindie hizo, pues, un nuevo dibujo sin abeto para complacer a su mamá. La sorpresa fue que volvió a colocar a todos los personajes apretados a la derecha de la hoja (figura 14).

Figura 14. Dibujo de Lindie, de 5 años, realizado con rotuladores.

Fijémonos que en el segundo dibujo (figura 14), Lindie ha escrito su nombre con las letras al revés. No se trata de un síntoma de dislexia sino de precocidad. En efecto, con sólo cinco años y medio, la niña no sabía escribir bien, justo había empezado a aprender a leer y escribir, pero es capaz de reproducir su nombre, como puede.

No presuponer nada en cuanto a lo representado en un dibujo

Lo más prudente, por regla general, es preguntar al niño por los diferentes elementos de su dibujo y su significado, en lugar de comenzar a adivinar lo que nos parece que podría ser. Es cuestión de delicadeza.

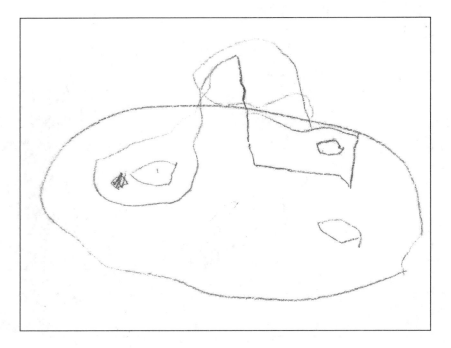

Figura 15. Dibujo de Noah, de 4 años, realizado con colores.

Cuántas veces se mete la pata hasta el fondo con comentarios del tipo: «¡Qué bonita mariposa!», para oír al niño refunfuñando: «No es una mariposa, es un avión». Este error en principio inofensivo, puede afectar de manera muy seria al sentimiento de competencia del pequeño. La necesidad de sentirse capaz y competente está presente en todo ser humano, tanto si somos adultos como si son niños pequeños. Todo el mundo necesita ser reconocido por sus habilidades, por sus capacidades y por su esfuerzo. Para construir la confianza en sí mismo, hay que experimentar éxitos, no fracasos.

En el ejemplo de la página anterior (figura 15) ¿quién podría haber adivinado que el dibujo representa a un submarino?

Y en este caso ¿un tren?

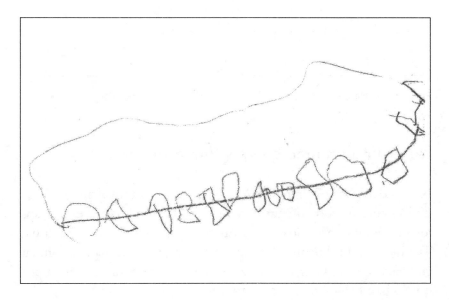

Figura 16. Dibujo de Noah, de 4 años, realizado con colores.

Y este dibujo es ¡Mickey Mouse!

Figura 17. Dibujo de Antoine, de 7 años, realizado con colores.

No pedir a un niño que justifique su obra

Nunca debemos pedir a un niño que justifique ni un elemento ni el dibujo entero. Toda pregunta del tipo: «¿Por qué has puesto todos los personajes apretados a la izquierda de la hoja?» es inoportuna. También es inútil pedirle explicaciones por haber dibujado a alguien con gafas de sol. La más normal es que contesten que no saben por qué lo han hecho, que es así y punto.

En efecto, como ya he mencionado antes, la casi totalidad de elementos de un dibujo forma parte de un proceso espontáneo e inconsciente, imposible de racionalizar. En este sentido, los niños no saben explicar de manera racional sus decisiones al dibujar, en la mayoría de los casos, ni responder a nuestras preguntas. Tal vez se sientan incómodos con nuestras preguntas e intervenciones y se las tomen como reproches e incluso con la amarga sensación de que el dibujo no nos complace.

Invitar al niño a que nos explique el dibujo

Ésta es, sin lugar a dudas, la consigna más importante: ¿qué dice el niño de su propio dibujo? Así, después de haber aceptado el dibujo y de observarlo atentamente, con una sonrisa en la cara, hay que invitar a la criatura a que se exprese con una frase tan simple como: «Explícame tu dibujo, por favor». Anímalo a que entre en detalles. Deja que se exprese libremente poniendo cara de interés sincero.

De vez en cuando puedes plantear una pregunta de sondeo, que desvelará cosas sobre el pequeño: «¿Qué hace el pájaro en el árbol?», «¿Está esperando algo la niña que está ahí sentada?». En este caso, la habilidad está en plantear preguntas adecuadas sin sugerir la respuesta que querríamos escuchar; es lo que en psicología se denomina preguntas abiertas. Descubrirás con sorpresa la cantidad de información que sacas en cuanto al estado anímico del niño. Todos estos elementos revelan que los dibujos infantiles están estrechamente relacionados con sus propias vivencias sobre situaciones o emociones concretas.

Hay que estar atento a sus explicaciones y anotarlas en el reverso del dibujo, con la fecha y el nombre en el caso de que haya más niños. Estas indicaciones son muy útiles para recordar el significado que ellos atribuyen a sus propias creaciones en el momento de hacerlas.

No hablar al niño de las conclusiones ni de las observaciones que hacemos

«Me parece que hay mucho enfado en este dibujo». Este tipo de comentarios están prohibidos si no es que el niño nos lo ha confesado.

Además, sólo son conclusiones que hemos intentado adivinar. No es conveniente describir al niño lo que su obra nos trasmite, lo que percibimos, ni los interrogantes que nos suscita, ni las inquietudes que nos provoca.

El dibujo es una herramienta de comunicación con el pequeño si dicha comunicación se efectúa a un buen nivel.

Abordemos ahora los elementos que podemos observar en un dibujo infantil. Se trata de algunas pistas generales. Hay muchísimos otros puntos que hay que tener en cuenta, pero no son tan comunes y forman parte del ámbito de la psicología.

3

La observación del dibujo: qué mirar

En la observación de los dibujos infantiles, la manera de proceder va de lo general a lo particular, esto es, partir de consideraciones globales para adentrarnos luego en elementos cada vez más precisos o detallados. Recodemos que la repetición de un mismo elemento en diversos dibujos es lo que debe llamar nuestra atención.

Antes de confeccionar la lista de elementos que vamos a observar, veamos algunas nociones relativas a la elección del papel y de los lápices.

Elección del papel para dibujar

En casa o en el colegio, los niños dibujan sobre los soportes que los adultos ponemos a su disposición. En consecuencia, no tienen muchas oportunidades para escoger dónde quieren dibujar, ni pueden averiguar cuál es su tipo de papel favorito.

Dentro de sus pocas posibilidades, se centran en el formato del papel, y pronto manifiestan, espontáneamente, predilección por un formato concreto, y dicha elección será reveladora del carácter y de la manera en que el niño toma el lugar que le corresponde en su entorno. Es, pues, interesante, cuando es posible, poner a su disposición hojas de papel de diferentes formatos.

Si el niño prefiere formatos pequeños, eso puede indicar introversión. No le apetece ocupar todo el sitio, quizás por falta de confianza en sí mismo o tan solo porque sus deseos son pocos y fáciles de colmar. Pero cuidado, si escoge papeles pequeños pero luego los rellena por completo, apretujando los dibujos, se revela un temperamento invasivo. Abordaremos este punto más adelante.

El niño que escoge un formato medio es el que tiene un carácter flexible y adaptable. Sabe encontrar su lugar en su entorno, respetando a los demás.

Por el contrario, el niño que escoge papel de gran formato es el que se siente capaz de grandes realizaciones sociales; no aprecia el aislamiento y le gusta sentirse acompañado y valorado.

La elección de lápices y colores

Como en el caso del formato del papel, la elección de los lápices es un elemento importante que se debe considerar. Otra vez volvemos a la cuestión de las afinidades.

De manera ideal, el niño debería disponer de lápices con la punta afilada (tanto si son colores como si son lápices de grafito para dibujar), colores de punta media (por ejemplo, rotuladores) y colores de punta gruesa (como las ceras o los pasteles). Cuando a un niño le gustan los trazos aún más gruesos, escogerá el pincel y las acuarelas, por ejemplo. El hecho de elegir una herramienta u otra nos ofrece ciertas indicaciones sobre el carácter del «diseñador».

El niño muy pequeño, de temperamento fuerte y poco influenciable, preferirá los colores gruesos de trazo blando. Cuanto más evoluciona el niño y más se afirma, más atraído se sentirá por los colores de madera. El niño que crece y continúa prefiriendo pinceles y acuarelas o colores de cera blanditos manifiesta una clara orientación manual y física. Necesita que sus manos trasmitan al máximo; le da más importancia a lo que siente con sus manos al dibujar que a la idea que tiene en la cabeza. Lo que quiere son resultados concretos.

Por el contrario, el niño pequeño que prefiere los colores revela una naturaleza dada a la reflexión. Siempre preferirá medios intelectuales y racionales para expresarse.

Abordemos ahora lo que conviene observar en el dibujo de un niño.

La primera impresión

¿Cuál es tu primera impresión? ¿Es un dibujo armonioso? ¿Es equilibrado? ¿Está muy desordenado? ¿Lo ha hecho corriendo o se ha cuidado todo detalle? ¿Es sombrío o luminoso? ¿El niño se representa alegre o triste? ¿Qué dice ese dibujo? Déjate inspirar. ¿Qué es lo primero que llama tu atención? Esta primera apreciación global es intuitiva. Da el tono y ofrece las primeras pistas de comprensión sobre el carácter del pintor.

A veces ocurre que un dibujo no produce la menor reacción, como si no expresara nada preciso o, por lo menos, nada que se salga de lo corriente. En otras ocasiones, algunos elementos, por su forma, por su emplazamiento, por su carácter incongruente, llaman la atención.

El dibujo cuenta una historia. ¿Cuál es? En el siguiente ejemplo, Mia explica su visión del amor.

Figura 18. Dibujo de Mia, de 9 años, realizado con colores.

Para Mia, el amor debe ser recíproco (hay tres corazones sobre las cabezas de ambos personajes). El amor también es una fiesta (fuegos artificiales). La niña expresa sus sentimientos verbalmente («Te quiero, Olivier»), mientras que el niño mima a su amada en silencio pero con regalos (flores y un anillo de compromiso). De manera complementaria, el dibujo nos habla mucho de las influencias culturales de Mia, en cuanto a cómo debe ser la relación entre un hombre y una mujer.

Predominancia del movimiento o de la forma

Tras esta primera impresión, podrás evaluar el gesto, el movimiento que anima al dibujo: si las formas son vivas, si se mueven o si están estáticas, si se han dibujado minuciosamente o a toda velocidad. En otras palabras, ¿hay predominancia de la forma o del movimiento?

Cuando predomina el movimiento, estamos delante de un niño de carácter dinámico, activo, que se afirma a sí mismo con facilidad. Si los movimientos son vivos y rápidos, puede haber indicios de impulsividad, de reactividad o de impaciencia. Probablemente tenga un temperamento fuerte y mal genio. Está claro que predomina la acción por encima de la reflexión.

Figura 19. Dibujo de Ghyliane, de 6 años, realizado con colores.

En la figura 19 impera el movimiento: los cuerpos están libres y sueltos, el cabello suelto, las nubes fluyen y el césped no está segado ni igualado.

La predominancia de formas bien ejecutadas da fe de un carácter apacible, reflexivo, respetuoso con las reglas impuestas y amante de los detalles. Predomina la reflexión por encima de la acción. Cuando el dibujo parece cuajado o congelado, con formas lentamente ejecutadas, se refleja mucha concentración, a veces pasividad, lentitud de reacción e inhibición. Seguramente se trata de un niño tímido y apocado.

Éste es el dibujo minucioso de un tapiz. La preocupación por el detalle es evidente.

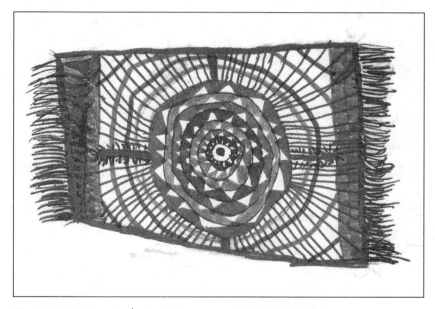

Figura 20. Dibujo de Émile, de 9 años, realizado con rotuladores.

Un buen equilibrio entre el movimiento global presente en el dibujo y la ejecución de las formas, será propio de una personalidad equilibrada, con armonía entre el pensamiento y la acción.

La utilización del espacio

Por sus dimensiones de altura y anchura, un folio representa un espacio, un pequeño universo que se pone a disposición del niño. Cuando éste ejecuta su dibujo sobre la hoja, el pequeño tiene posibilidad de ocupar el espacio de arriba, el de abajo o el del centro. Puede orientar su dibujo hacia la derecha o hacia la izquierda.

Figura 21. Dibujo de Mélanie, de 9 años, realizado con colores.

De todas formas, el niño tendrá una forma completamente personal de tomar posesión del espacio disponible, poco importa el formato de la hoja; esa predisposición se mantendrá estable en todos sus dibujos durante un período determinado. La gestión del espacio revela su temperamento, su manera de afirmarse y, en general, su forma de aprehender la realidad.

La elección de dibujar en una zona particular de la hoja va más allá de lo racional. Es el subconsciente el que se expresa de manera velada.

De este modo, un niño lleno de confianza, que se afirma a sí mismo, tendrá tendencia a ocupar toda la hoja (como el dibujo de Lindie, figura 13). Sin embargo, una hoja repleta por todas partes anuncia a un niño invasivo (como el dibujo de Mélanie, en la figura 21). Este dibujo traduce un mecanismo de compensación: el niño entiende que no se le presta la suficiente atención e intenta invadir toda la hoja con trazos grandes y llamativos. El mensaje es: «Mírame, ¡existo!».

Un buen equilibrio entre los espacios vacíos y llenos indicará un equilibrio adecuado entre el lugar que el niño se otorga a sí mismo y el que deja a los demás, a medio camino entre la introversión y la extroversión. Un papel justamente lleno habla de equilibrio (dibujo de Karelle, figura 26).

Las zonas de un dibujo también son reveladoras. Un dibujo que contenga diversas zonas vacías puede reflejar discreción, timidez e introversión, hasta el punto de hacerse olvidar. Algunos de esos niños son de naturaleza serena, les gusta coleccionar cosas y soñar. Pero es útil valorarlos porque el dibujo de pequeñas dimensiones puede expresar también falta de confianza. La elección del formato pequeño puede, por otro lado, revelar una buena capacidad de concentración del niño.

Veamos ahora otro dibujo (figura 22).

Cuando Loïc terminó el dibujo de su familia y se lo entregó a su madre, ésta quedó estupefacta. ¡Su hijo nunca dibujaba figuritas diminutas! Al ver la cara de sorpresa de su madre, Loïc precisó que había hecho el dibujo corriendo. Entonces, la madre le sugirió que repitiera el dibujo, pero el niño no quiso porque, según él, el dibujo era perfecto.

Figura 22. Dibujo de Loïc, de 8 años, realizado con lápiz.

Mencionemos ahora que, cuando era pequeñito, Loïc tenía toda la atención posible de todos los adultos que lo veían, gracias a sus preciosos cabellos pelirrojos, intensamente flameantes. Pero al empezar a ir a la escuela, cambiaron las tornas y Loïc fue el blanco de todas las burlas por tener el pelo como una zanahoria. El niño, amargado, sólo quería dejar de llamar la atención, pasar desapercibido. Su madre constató que pasaba una época angustiosa y estresada. Sin duda alguna, este niño quería hacerse lo más diminuto posible para que nadie lo viera, invisible para el grupo. Se sentía infravalorado. El dibujo refleja su realidad actual, por lo menos en el seno del colegio.

El espacio que representa una hoja en blanco tiene un gran simbolismo universal. La hoja puede verse de dos maneras: en vertical o en horizontal.

De derecha a izquierda

Las diferentes zonas del papel tienen una significación particular. Un primer nivel concierne al tiempo lineal. La hoja puede dividirse en tres partes en vertical (*véase* esquema 1, pág. 50). La parte izquierda del dibujo será la relación con el pasado, la parte central es el presente y la parte derecha concierne al futuro.

El niño que sitúa su dibujo casi exclusivamente en la zona izquierda de la hoja (figura 23, dibujo de Jolyann) demuestra su atracción o añoranza por el pasado y, en algunos casos, miedo al porvenir. Puede que esté preocupado por el pasado o tal vez haya vivido momentos tan felices que quiera aferrarse desesperadamente a ese tiempo. El niño no vive el presente ni le interesa el futuro. Asimismo, la zona izquierda denota reflexión e introversión.

Figura 23. Dibujo de Jolyann, de 6 años y medio, realizado a lápiz.

La zona izquierda de la hoja también revela que el niño tiene la necesidad de sentirse seguro y de mostrar la naturaleza de los lazos entre la madre (simbólica o real) y él. Puede revelar, asimismo, un repliegue sobre sí mismo o una fuerte propensión a la reflexión.

Un dibujo bien centrado concierne al «aquí y ahora». Según el contenido del dibujo, es posible descubrir si la vida cotidiana del niño es feliz o, por el contrario, revela inquietud o tristeza.

La parte derecha concierne al porvenir, por tanto, lo desconocido, los objetivos y los deseos. Se asocia a lo racional y a la extroversión. El niño que localiza su dibujo hacia la derecha, indica que está centrado en su futuro, quizás por un acontecimiento especial que espera ansioso. Pone mucha energía y esperanzas en el futuro. Además, estos dibujos ofrecen información sobre la relación del niño con su padre o en relación con la autoridad. El dibujo de Lindie (figura 14) muestra claramente su imperiosa necesidad de llegar a las fiestas de Navidad. Recordemos que su madre le hizo repetir el dibujo sin abeto, creyendo que la niña centraría el dibujo, y no lo hizo.

Esquema 1

Izquierda	Centro	Derecho
• Pasado	• Aquí y ahora	• Futuro
• Seguridad	• Él mismo	• Desconocido
• Relación con la madre		• Relación con el padre
• Repliegue sobre sí mismo		• Racional
• Reflexión		• Extroversión

De abajo arriba

Ésta es otra división del espacio que puede arrojar luz sobre aspectos interesantes. Esta vez, separaremos la hoja en tres partes en horizontal (*véase* esquema 2, pág. 53). Aquí encontramos la división tripartita de la persona.

La parte inferior de la hoja representa la zona física, material, los deseos primarios del niño en la vida cotidiana. El centro es la zona afectiva, el mundo de los sentimientos. El tercio superior es la zona mental, el intelecto. Corresponde también al espíritu. Es el mundo de los sueños, del imaginario, de los ideales. De hecho, el niño imaginativo, curioso y deseoso de aprender, ocupa espontáneamente ese espacio.

El niño suele situar el dibujo en la zona correspondiente a lo que se solicita de él en el momento de la ejecución del dibujo. ¿Es un tema concreto de la vida? ¿Tiene que ver con la familia y los sentimientos? ¿O es un tema de fantasía donde dejar volar la imaginación?

Tomemos como ejemplo el dibujo de Jake. En el momento de conocernos, tenía dificultades para dormir porque tenía miedo y frecuentes pesadillas cuyo contenido es frecuente entre los chicos de su edad.

Le pedí que me dibujara su habitación por la noche, cuando tiene que irse a dormir. Y éste es su dibujo. Me precisó que era él cuando está en la cama (figura 24).

Jake mide ya más de 160 cm y pesa 63 kg. No obstante, se dibuja a sí mismo diminuto e insignificante, y es que se siente así, exactamente así, cuando está solo en la cama dispuesto a dormir. Además, su dibujo se ubica en la parte inferior de la hoja, lo cual representa un deseo primario, físico y natural: dormir.

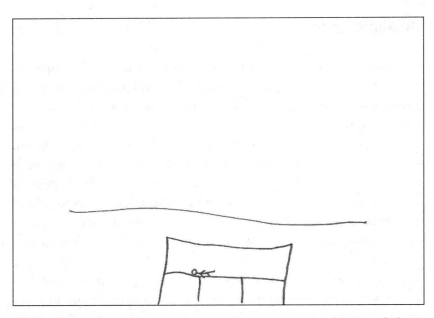

Figura 24. Dibujo de Jake (primera parte), de 11 años, realizado con rotuladores.

Figura 25. Dibujo de Jake (segunda parte), de 11 años, realizado con rotuladores.

Decidí entonces presentarle a unos cuantos amigos de la noche y algunas herramientas mágicas, describiéndolas y explicándole la función de cada una, con el fin de ayudarlo a trasformar sus pesadillas en bonitos sueños. Después le pedí que escogiera una de las herramientas presentadas para que pudiera trasformar su dibujo, o dibujar uno nuevo si lo prefería. Escogió modificar el primer dibujo. Con un trazo dibujó la poción de los campeones. Se trata de una botellita plateada con un cordón rojo que se enrolla alrededor del cuello de la botella. Cuando uno bebe dicha poción, se hace grande y tan fuerte que nadie puede atraparlo. En la figura 25 podemos constatar que la botella es desmesuradamente grande (lo que muestra la potencia del símbolo) en relación al personaje, que es él mismo, y que la dibuja en la parte superior de la hoja, en la zona de lo imaginario, lo mental, lo mágico.

Las parrillas de observación basadas en el simbolismo deben aplicarse con cuidado. Generalmente, un dibujo se abre a diversas zonas de la página. Lo interesante ocurre sólo cuando hay anomalías flagrantes de localización, por ejemplo, cuando todo el dibujo se concentra en una sola zona, apretujado en poco espacio.

Esquema 2

Arriba
• Zona mental (el intelecto)   • Mundo de los sueños, del imaginario, de los ideales, de lo mágico.
En medio
• Zona afectiva   • El mundo de los sentimientos
Abajo
• Zona física y material   • Mundo de las necesidades primarias

Figura 26. Dibujo de Karelle, de 8 años, realizado con rotuladores.

Examinemos ahora el dibujo inmediatamente anterior, que ilustra pájaros volando por el cielo. Tómate tu tiempo para observar. Aparte de los símbolos, que abordaremos en otro capítulo, ¿qué elemento llama más tu atención? ¿Qué desvela?

Uno de los elementos característicos es el hecho de que los pájaros vuelan hacia la izquierda. ¿Qué está expresando inconscientemente esta niña? ¿Que regresar a tiempos pasados (izquierda) es mejor que dirigirse al futuro (derecha)? ¿Qué su interés se fija más en el pasado? Lo cierto es que este dibujo lo hizo una niña cuyos padres se habían divorciado hacía poco, de manera que expresa —posiblemente— su deseo de volver a tiempos pasados en que todos estaban juntos. No tiene la menor importancia, en estos casos, que los niños sean diestros o zurdos.

La presión del trazo

La presión que el niño ejerce sobre el papel con el lápiz es también reveladora de su carácter. Un trazo bien apoyado, que deja un surco en el papel, expresa vitalidad y afirmación de sí mismo, capacidad para ocupar el lugar que le corresponde en el mundo. En ocasiones el niño puede apretar tanto que llega a perforar el papel. Ello indica un temperamento muy fuerte de reacciones inmediatas, audacia y, en ciertos casos, ira. También puede expresar violencia, particularmente cuando el movimiento es vivo y compulsivo.

Éste es un ejemplo.

Figura 27. Dibujo de Mathilde, de 2 años y medio, realizado con rotuladores.

Mathilde es una niña extrovertida, un terremoto que no para quieta y que llama la atención de todo el mundo.

Por ejemplo, si sus padres discuten por algo ¡ella se impone gritando más que ellos hasta que los calla!

Por el contrario, cuando el trazo es blando y pálido, como si flotara literalmente en el papel, puede tratarse de una delicada sensibilidad y de una personalidad tímida, reservada, con dificultades para afirmarse a sí misma. Un niño que dibuja de este modo puede ser también un soñador muy imaginativo.

Éste es un buen ejemplo.

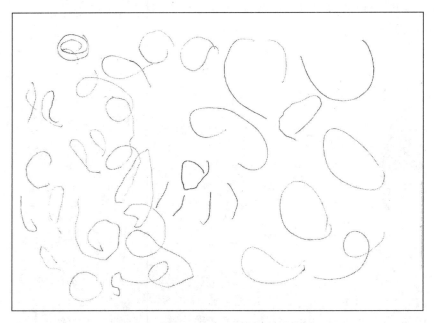

Figura 28. Dibujo de Julia, de 2 años y medio, realizado con colores.

A pesar de que Mathilde y Julia son dos niñas de la misma edad, está claro a todas luces que tienen personalidades antagónicas. Según su madre, Julia es una niña de buen carácter, dulce, autónoma, que sabe jugar tanto sola como en grupo y que se dobla a las normas sin contestarlas. El resto de la familia la califica de «caramelito». Evidentemente, debemos tener en cuenta que los dibujos son puntuales y que nada garantiza que esta niña siga siendo así hasta el fin de sus días.

En cuanto al punteo en los trazos, es la marca distintiva de la inhibición más o menos fuerte, que se acompaña de indecisión. Como siempre, habrá que matizar nuestra interpretación dependiendo del carácter aislado o repetitivo del elemento valorado. Por ejemplo, un niño puede hacer un dibujo de este estilo por copiar a un compañero que dibuja así, no porque le salga de dentro. A veces intenta reproducir un dibujo que ha visto o una forma particular, pero el punteo no persistirá en el tiempo, posiblemente no se vuelva a repetir si no va con su temperamento y su carácter. Si adopta este sistema y lo mantiene durante un espacio de tiempo, es porque, en definitiva, corresponde a su naturaleza profunda.

Olvidos importantes

En ciertos momentos, el niño puede omitir en sus dibujos trazos importantes, tales como los ojos de los personajes, la puerta de una casa o un personaje de la familia. Estos olvidos mayores dan fe de pequeños dramas interiores y deben captar toda nuestra atención.

En este sentido, el dibujo es un medio de expresión privilegiado, liberador y equilibrador. En ciertos casos, es una especie de válvula de seguridad. Cuando nace un hermano pequeño, por ejemplo, el niño puede usar el dibujo como medio para hacer desaparecer al hermano usurpador. Es completamente normal que un niño rechace a quien llega a su vida para destronarlo. Negar una realidad dolorosa es el proceso más simple e inmediato, que se suele manifestar de manera invariable a través del dibujo. Por ejemplo, el niño que dibuja a su familia con todo detalle y se deja al hermanito pequeño alegando que «ya no le quedaba espacio en el papel» ¡o incluso el que dibuja al bebé solito en la cuna, en el reverso de la hoja! Algunos prefieren volver a meter al bebé en el vientre de la madre, con tal de no verlo y no tenerlo que representar.

También puede pasar que el niño se autoconvierta en el bebé y se dibuje a sí mismo en la cuna. Se identifica así con el bebé merecedor de todas las atenciones. Esta regresión revela el miedo a dejar de ser amado y mimado como un bebé. Los dibujos explican historias realmente dramáticas. Volveremos sobre este punto en el capítulo dedicado al dibujo de la familia.

En presencia de un olvido importante, se tiene que verificar si se observa lo mismo en otros dibujos de un período determinado. Si éste es el caso, hay que prestar atención e iniciar una discreta investigación.

Cuando el niño se dibuja a sí mismo ¿qué pasa si nunca se pone boca? ¿Hay algún secreto inconfesable en su historia personal? ¿Una dificultad para expresarse libremente?

Si le faltan los ojos, la cosa podría ir por: ¿hay algo que el niño preferiría no ver? ¿O quizás tiene problemas para mirar una situación de frente? Si le faltan los pies, puede que se sienta inseguro e inestable en una situación o bien que le cueste avanzar. El adulto debe comprender que el personaje dibujado está sufriendo, duda, se busca a sí mismo o necesita equilibrarse, como cualquier niño en su vida cotidiana. Leer el dibujo permite querer mejor al niño y cuestionarse, en algunas ocasiones, nuestra actuación como padres o educadores.

Veamos el siguiente dibujo.

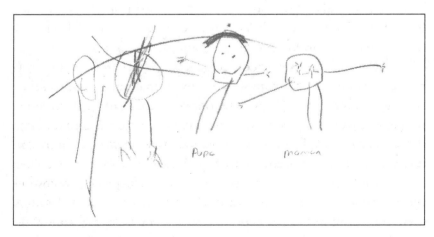

Figura 29. Dibujo de Charlotte, de 4 años, realizado con colores.

Charlotte ha dibujado a su papá, a su mamá, a su hermano Jérémie de seis años y a su hermanita pequeña Éléonore, de dos años. El primer elemento importante que falta es ¡ella misma! Por si esto fuera poco, su madre tiene dos estrellas por ojos y no tiene boca. Los hermanos no tienen ni ojos, ni boca, ni nariz, ni orejas, ni brazos; su hermano, además, está tachado. Ningún personaje tiene nariz. ¿Qué nos está queriendo decir Charlotte? Según su maestra, Charlotte es una niña muy agresiva que se pasa el día pegándole a su hermana pequeña. Charlotte, por su parte, explica que su hermano tiene la mano muy larga y siempre la está zurrando, por eso lo tacha, para anularlo. ¿Puede que Charlotte encuentre a su hermano mayor demasiado invasivo y le deje poco espacio en el seno de la familia? Esto podría explicar su temperamento agresivo, como mecanismo de defensa. ¿Y qué hay de la madre en este dibujo? Sin duda alguna, el papel de la madre no es el que la niña desearía, incluso sus hermanos son de mayor tamaño que la madre, lo que demuestra que la mamá no tiene autoridad en casa por lo menos a ojos de la pequeña. Omitiéndose a sí misma ¿explica que se siente excluida de la familia?

Por todas estas razones, debemos estar muy atentos y observando. En muchos casos, el dibujo nos indica lo que el niño acepta menos de una situación concreta y el tipo de actitud que adopta en consecuencia.

Elementos repetitivos

Hay que prestar atención a los temas repetitivos. Estos suelen revelar sobrevaloraciones. Si, por ejemplo, un niño dibuja una casa y ve que su madre se queda maravillada ante semejante obra de arte, el niño intentará recrear la situación indefinidamente. «A la mamá le encanta que dibuje casas, por eso me quiere tanto».

Es posible, por otra parte, que el niño haya aprendido a reproducir un objeto interesante, una forma geométrica concreta, y se sienta orgulloso del resultado que obtiene. Estará entonces tentado de dibujar lo mismo con frecuencia, ya sea por autosatisfacción, por el reconocimiento que obtiene o para mejorar su dominio en dicha figura. Recuerdo a la perfección cuando enseñaron a mi hija a dibujar abetos navideños. Tuvimos en casa, durante seis meses, dibujos de árboles de Navidad por todas partes. Un padre me explicaba que cuando su hijo de cuatro años aprendió a dibujar el sol, estuvo dibujando más de veinte soles en el período de un mes. Parecía no cansarse de soles.

Pero más allá de las repeticiones debidas a una búsqueda de reconocimiento o a la necesidad de dominar mejor la técnica en la ejecución de una nueva forma aprendida, hay temas reiterativos que esconden una estrecha relación con un acontecimiento significativo en la vida del pequeño. Al dibujar continuamente lo mismo, el niño recrea una emoción intensa que sintió en el pasado, ya sea para revivirla o para exorcizarla.

Elementos inesperados

Podemos determinar que un elemento de la composición es inesperado cuando no se corresponde en absoluto con la realidad, al menos como todos la percibimos. En presencia de este tipo de elementos en los dibujos de sus hijos, algunos padres temen que sus niños no vivan una vida normal, tanto en el plano social como en el sentido de que no sean capaces de integrarse a la realidad concreta del mundo. ¡Evitemos tales conclusiones!

Figura 30. Dibujo de Éloi, de 5 años, realizado con ceras.

Vamos a tomar como ejemplo el dibujo de Éloi. En su primer dibujo (figura 30), se representa a sí mismo en el vientre de su madre, pero en el segundo (figura 31), es tan grande como ella misma.

Figura 31. Dibujo de Éloi, de 5 años, realizado con ceras.

La madre de Éloi me contaba que su hijo se sentía especialmente ligado a ella. En efecto, de sus dibujos se desprende que la quiere mucho, la quiere tanto que su madre ocupa todo su universo, en detrimento del padre y la hermana. Vemos, en la figura 31, lo pequeño que es el padre en comparación con la madre y con él mismo.

Si, con los años, los dibujos del niño presentan estas distorsiones inquietantes y negativas o incoherentes en relación a la realidad, es justo en este género de contextos cuando debemos prestar toda nuestra atención, con el fin de ayudar al pequeño a superar ciertas etapas necesarias para su desarrollo. Por ejemplo, el niño que dibuja de manera sistemática a su familia, no tal y como es sino como la desearía; o el niño que representa elementos de la naturaleza (árboles, flores, animales, etcétera) que no se parecen en absoluto a los reales, o bien los que dibujan personajes (seres humanos o animales de compañía) que ya están muertos pero se representan como vivos, haciendo vida normal de familia.

Por eso, es relevante observar los elementos incongruentes que llaman nuestra atención e intentar averiguar su significado, como, por ejemplo, un sol que se ubica reiteradamente en una esquina inferior de la hoja, como en el dibujo de la figura 55. En este caso, no es una cuestión estética: el dibujo expresa una realidad profunda. La zona de la página donde se sitúa un elemento inusitado puede estar indicando el contenido profundo.

4

INTERPRETAR CON JUSTICIA

Interpretar un dibujo con justicia es algo a lo que todo padre o educador aspiran. Sin embargo ¿cómo saber si estamos interpretando con exactitud? Tras haber observado un dibujo con atención, seguramente tendrás dudas. Tal reacción es legítima, particularmente al principio. Con el tiempo y la práctica, tendrás más confianza y te sentirás capaz de descifrar cada elemento de un dibujo con exactitud. Estos que siguen son algunos elementos fundamentales que te proporcionarán seguridad.

Tener en cuenta el contexto en que se ha realizado un dibujo

Un dibujo es significativo en sí mismo, pero no adquiere todo su valor hasta que no lo situamos en un contexto particular. Este contexto es tan importante como el dibujo mismo. Ignorar este principio puede conducir a errores flagrantes de interpretación. Éste es un ejemplo sangrante:

Para empezar, ahora examinemos la figura 32 para practicar nuestro sentido de la observación. Intenta responder a estas tres preguntas:

- ¿Es el dibujo de una niña o de un niño?
- ¿Qué edad puede tener?
- ¿Qué emociones despierta el dibujo?

Figura 32. Dibujo de Mélanie, de 9 años, realizado a lápiz.

Observa con tranquilidad la totalidad del dibujo, sus trazos y sus formas. En los cursillos que imparto, siempre presento este dibujo a los participantes y les hago estas tres preguntas.

En la mayoría de las ocasiones la gente dice: «Se trata de un niño de unos 9 o 10 años, con mucha ira o con un fuerte dolor de cabeza».

Para la mayoría de la gente, la calidad del dibujo pertenece a una criatura de 9 o 10 años, y suponen que se trata de un chico porque la camiseta lleva el logo de *Nike*, marca de ropa deportiva especialmente interesante para los varones. La emoción iracunda la justifican por la terrible expresión de los ojos y la boca poco amistosa; el dolor de cabeza se supone por el tamaño desmesurado del cráneo en relación con el resto del cuerpo.

Sin embargo, el dibujo es de una niña de 9 años. Las niñas son mucho más sensibles a la moda que los niños y es más habitual que una niña se entretenga en dibujar el logo de una marca concreta que un niño. ¿En qué contexto se hizo el dibujo? Pues lo dibujó la niña en el colegio, en la víspera de Halloween. Mélanie quiso dibujar una cabeza en forma de calabaza, de ahí su enorme tamaño, y que diera miedo porque era Halloween. Luego añadió un cuerpo. ¡No había ira ni dolor de cabeza!

Por tanto, queda claro la importancia de conocer el contexto de un dibujo. Evitaremos suposiciones inútiles y conclusiones ridículas.

Frente a un dibujo en el que predomina el color rojo, más vale verificar si el niño tenía a mano otros colores antes de concluir que tiene un carácter violento. Prudencia, mucha prudencia.

Veamos otro ejemplo: un dibujo acompañado de un texto anónimo que corre por Internet. Habla de sí mismo.

Figura 33. Dibujo de una niña de 7 años, realizado con colores.

Una niña de primer año de primaria es la artista. Su maestro le pidió que dibujara lo que le gustaría ser de mayor.

Traducción: «Cuando sea mayor ¡quiero ser como mamá!».

A la mañana siguiente, la madre de esta pequeña devolvió el dibujo a la escuela con una nota para el maestro:

«Señor M. Davis:

Quisiera aclarar el dibujo que ha hecho mi hija. Aunque así lo parezca, yo no trabajo bailando en una barra, en un club de striptease, mientras los hombres se acercan a mí regalándome dinero. Trabajo en una ferretería y recientemente le comenté a mi hija que habíamos ganado mucho dinero tras la tormenta de nieve. Lo que estoy haciendo en el dibujo es vender una pala para retirar nieve».

Y ahora veamos el dibujo de Camille (figura 34), realizado en clase para celebrar el día del padre. Si no supiéramos que su padre tiene una tienda de lápidas funerarias, podríamos pensar que la pobre niña se ha quedado huérfana. Teniendo en cuenta esta información, podemos pasar a fijarnos en el simbolismo escogido por la niña: ¿Ha enmarcado Camille una lápida funeraria con un corazón para decir que quiere mucho a su padre aunque él esté siempre en el trabajo? ¿O quizás quiere decir que lo ve tan poco como si estuviera muerto?

Las siguientes preguntas te ayudarán a definir el contexto, en principio el físico y material, en el que se ha producido el dibujo:

¿Este dibujo se ha hecho en la guardería, en la escuela o en casa?

Figura 34. Dibujo de Camille, de 6 años, realizado con colores.

¿El dibujo ha sido una producción espontánea (el niño decide dibujar en vez de leer o ver la tele) o ha hecho el dibujo porque se lo han pedido (haz un bonito dibujo para la yaya)?

¿El niño ha escogido el tema, dejando volar su imaginación o se le ha sugerido (dibujo para Navidad, para el día de la madre, etcétera)?

¿El niño ha escogido el papel y sus lápices (colores, ceras, rotuladores, etcétera)?

¿El niño ha dispuesto de todo el tiempo que ha querido o tenía un lapso concreto de tiempo?

¿Ha hecho el dibujo con tranquilidad o deprisa y corriendo?

¿Cuánto tiempo ha invertido?

¿El dibujo ha sido supervisado o retocado por un adulto (por ejemplo, cuando la maestra supervisa para poder hacer luego una exposición con las obras de todos los alumnos)?

Otro punto importante es la actitud del niño en el momento de hacer el dibujo. Por ejemplo, un niño de naturaleza serena que acaba de ingerir una buena cantidad de excitantes (como algún refresco de cola) tendrá más números para hacer un dibujo con trazos vivos y rápidos, con colores fuertes, que si hubiera hecho el dibujo en cualquier otro momento.

Las siguientes preguntas ayudan a concretar el contexto psicológico del niño en el momento de hacer un dibujo:

- ¿Está pasando el niño, en ese momento, por un período adaptativo en la guardería, la escuela, con unos amigos nuevos o por una situación familiar diferente?
- ¿Qué factores afectan al niño en el momento de hacer un dibujo: enfermedad propia o de un ser próximo, perspectivas de cambio (mudanza, divorcio de los padres, viaje...)?
- ¿Ha vivido recientemente una experiencia traumática (como la pérdida del perrito, un cambio de cole, la llegada de un hermano)?
- ¿Sabe que va a suceder un acontecimiento especial en un futuro próximo (vacaciones, visita al médico, adquisición de una mascota)?

Del mismo modo que un acontecimiento particular en la vida de un individuo toma todo su significado cuando éste se liga a su contexto y a su desarrollo en el tiempo, a los acontecimientos precedentes y a los que desencadena, un dibujo se revela plenamente en función del contexto físico y psicológico del niño en el momento preciso en que ha sido ejecutado.

Considerar la edad del niño

Siempre debemos tener presente la edad del niño que dibuja. Un niño pequeño podrá hacer diez dibujos en un minuto porque no se entretiene nada, raramente pasará diez minutos en un solo dibujo. Experimenta. Tras unos cuantos trazos, considera la obra finalizada y pasa a otro tema. Sería exagerado concluir que los niños no tienen paciencia ni perseverancia.

La misma actitud en un niño en edad escolar, grandecito, sería otra cosa. Si se comportara así podríamos concluir que tiene una actitud negativa, que no se interesa por los detalles, que se impacienta o que no es capaz de concentrarse. Este comportamiento significaría, también, que no le gusta dibujar y que tiene urgencia por acabar algo que no le gusta hacer.

No sacar conclusiones sobre la base de un solo dibujo

El dibujo es un mundo en sí mismo, un universo de pulsiones, de aspiraciones y de deseos. Las emociones pueden ser intensas, pero también muy puntuales. Un solo dibujo no basta para captar las potencialidades, ni las debilidades, ni las necesidades de un niño.

Compara los dibujos realizados de manera regular, no necesariamente cada día, para aprender más sobre un niño. Sus dibujos constituyen, en cierto modo, una especie de «noticiario» de su vida diaria. Son comparables a las llamadas telefónicas que hacemos de vez en cuando a un pariente o amigo. Muchas veces no tenemos nada nuevo que contar, pero actualizan la información que ya teníamos. Eso mismo pasa con los dibujos de los niños.

Una serie de dibujos de un mismo niño permite controlar las constantes y los cambios en curso, las preguntas que se hace en su camino diario, su pensamiento y las resoluciones que toma.

No olvides que un niño puede dibujar para que se le pasen emociones fuertes, positivas o negativas, pero que también puede dibujar por simple placer. No vale la pena, pues, sacar conclusiones precipitadas y alarmantes. Del mismo modo, si le da por dibujar escenas violentas de manera puntual y órganos genitales, no debemos asustarnos. Mientras ese tipo de dibujos no se vayan repitiendo de manera periódica y obsesiva, no tienen importancia. Los niños víctimas de abusos sexuales no dibujan genitales necesariamente y los que sufren maltratos y brutalidad no dibujan forzosamente escenas sangrientas.

La interpretación de los dibujos infantiles requiere, siempre, prudencia y reserva. Evita los juicios precipitados y sacar conclusiones sobre la base de un solo ejemplo. Es preferible tener una cadena de dibujos con el mismo tema representado de manera reiterada, antes de pensar en hipotéticos problemas. Lo ideal es que tengamos a nuestra disposición un abanico de dibujos sobre el tema repetitivo, con una escala temporal concreta.

Cuándo hay que inquietarse

Algunos indicios pueden convertirse en alarmantes cuando se repiten mucho en un espacio determinado de tiempo.

Cuando el niño se niega a dibujar o rompe sus dibujos ¿qué intenta esconder, destruir o hacer desaparecer? El contexto en el que el niño empieza a dibujar puede aportar un indicio, igual que si el tema es impuesto, por ejemplo, cada vez que la Navidad o las vacaciones empiezan. Puede que el niño esté haciendo frente a una situación familiar o escolar difícil de soportar o de aceptar para él.

Cuando ennegrece de un modo excesivo todos sus dibujos. ¿Experimenta ira en relación a una situación? ¿Ha caído en la trampa de creer que un dibujo sólo vale cuando es bonito e intenta esconder y tachar su dibujo feo? ¿O puede que no quiera molestar a los adultos con la realidad expresada en sus creaciones?

Cuando amputa uno o más miembros a sus personajes, o peor, cuando sombrea o incluso los borra o tacha, debemos estar seguros de que no se trata de un accidente ni de un olvido. Si no es así, el niño estará expresando una realidad dolorosa en relación a las personas eliminadas o disimuladas. Un niño puede eliminar las manos de quien le pega, los pies de quien le da patadas, la boca de quien le grita, etcétera.

Cuando sólo dibuja caras vacías (sin ojos, ni boca, ni nariz) o incluso una casa sin puerta ni ventanas, está dando fe de un vacío que implica la dificultad para expresar sus emociones, para sentirse unido a los demás o una incapacidad para abrirse al mundo...

Si hace dibujos extremadamente pequeños, podría haber un problema de autoestima, de confianza en sí mismo. A veces estos niños se sienten rechazados, excluidos, y preferirían desaparecer simplemente. Un adulto podría verificar si ha habido cambios significativos en la vida del pequeño, tan difíciles que el niño prefiere dejar de aparecer en escena.

Si el niño dibuja incansablemente y a través de los meses el mismo tema, puede que sea algo que el niño no puede aceptar de ningún modo, una situación insoportable para él. Hablar sobre el dibujo y comentarlo con él podría darnos pistas válidas.

Qué hacer

Cuando alguna cosa te inquiete, verifica lo antes posible lo que puedas sobre el niño. Pregúntale con mucho tacto sobre su etapa en la guardería o en la escuela, sobre sus relaciones con los amigos, a fin de descubrir la fuente de su problema potencial. Puedes hacer preguntas abiertas, como las que exponemos:

- *¿Hay alguna cosa que te preocupe ahora mismo?*
- *¿Cómo va el cole? ¿Te gusta?*
- *¿Tus compañeros son buenos contigo?*
- *¿Hay alguna cosa que quieras explicarme?*
- *Etcétera.*

Este pequeño interrogatorio, suave y adaptado a la edad del niño, deberá estar siempre exento de cualquier signo de alarma. Escoge un momento propicio para la charla, cuando el niño esté relajado y accesible. Evita elegir momentos inoportunos, como cuando acaba de llegar del cole, cuando tiene hambre, cuando está cansado o cuando está entretenido jugando o viendo la tele.

Colecciona los dibujos más reveladores y enséñaselos a los profesores del niño para discutir con ellos el contenido y comentar la situación. Eso te brindará la ocasión de saber cómo pasan las cosas en el medio escolar, verificando si los profesores han sido testimonios de situaciones particulares en las que el niño se viera implicado, etcétera. La misma encuesta puede hacerse a todas las personas que estén en contacto con el pequeño (otros miembros de la familia, la canguro, monitores de extraescolares, etcétera).

Esta situación puede llevar a preguntaros, como padres, sobre los problemas que nuestros hijos viven en el seno del hogar: quizás detecten problemas de pareja, dificultades financieras, estrés laboral trasladado a casa. Todas esas cosas repercuten en la vida de los niños y son susceptibles de alterarlos.

Está indicado, por otro lado, animar a los niños a dibujar si se siente afectado por un problema que ya tenemos claro, como la separación de los padres, la muerte de un ser querido o cualquier acontecimiento trágico. A través del dibujo, el niño podrá liberar sus emociones: pena, ira, frustración, etcétera.

También podemos prestar una atención especial a sus sueños: «¿Has tenido bonitos sueños esta noche?». Así abriremos la puerta al diálogo de otro orden. El niño que explica pesadillas terroríficas revela un nivel de tensión emocional que puede aportar pistas sobre su vida interior.

Diccionarios de símbolos: ¡ojo!

¡Cuánta fascinación producen los dibujos infantiles!

El legítimo deseo de comprender su sentido rápidamente nos incita, en ocasiones, a consultar diccionarios de símbolos. Queremos tener de inmediato una idea del mensaje.

Algunas personas les encuentran mucha utilidad: las pistas sugeridas por el diccionario los conducen a reflexiones profundas, sobre todo en el caso de los padres, porque conocen como nadie a sus propios hijos y usan su criterio para eliminar análisis poco pertinentes.

Pero ¿es en realidad un buen método? ¿Son suficientes los diccionarios de símbolos para aclarar el simbolismo del dibujo de un niño? Personalmente creo que no. No los utilizo por muchas razones.

La primera es evitar falsas pistas de interpretación. Por lo general, un diccionario de símbolos presenta diversas significaciones plausibles de un mismo símbolo. Si no se tiene experiencia, el padre puede escoger un significado erróneo y comprender muy mal el dibujo de su hijo.

En segundo lugar, el padre escoge al azar –entre los numerosos símbolos que aparecen en un dibujo– uno de ellos, que será el punto de partida de su investigación y el elemento central de su interpretación. Esta investigación fragmentaria no puede tener en cuenta el conjunto del dibujo ni su contexto particular. Un diccionario de símbolos no tiene matices.

Por ejemplo, una mamá me trajo un día el dibujo de su hijo de 5 años. El niño había dibujado un acuario con un pez. Un diccionario de símbolos evoca, para el «pez», la posibilidad de abusos sexuales. Puedes imaginarte el impacto brutal que recibió la madre al leer que el dibujo de un pez puede aludir a abusos de ese tipo. Estaba tan afectada que no era capaz de pensar en otras posibilidades para el dibujo de su niño.

Le pregunté a esa madre si recordaba el momento en que el niño había hecho tal dibujo y el contexto. Todo se aclaró inmediatamente. El día que su hijo dibujó el acuario con el pez, el padre le había regalado a la madre un miniacuario con un minipez dentro, como regalo de cumpleaños. El niño había reproducido el regalo en un dibujo para regalárselo a su madre, dado que a ella le había gustado el regalo del padre. Sin duda alguna, el niño quiso asegurarse el éxito del regalo, imitando como pudo el mismo regalo del padre.

Pero como un diccionario de símbolos no puede tener en cuenta el contexto vital ni las circunstancias particulares de cada uno, se corre el riesgo de interpretar de manera equivocada, en una dirección falsa.

Los diccionarios de símbolos favorecen la dispersión. En efecto, cada forma dibujada representa un símbolo que hay que descifrar. Luego hay que emprender un largo camino hasta descubrir su sentido. Además, cada uno de los símbolos, tomados por separado y fuera de contexto (agua, acuario, pez, por ejemplo) tiene un nexo que desaparece cuando media un diccionario. Al analizar todas las imágenes del dibujo por separado, nos arriesgamos a alejarnos del mensaje inicial.

Tú decides libremente si te apetece usarlos o no.

Yo misma abordo los dibujos de los niños como lo haría con los sueños. Nada de diccionarios de símbolos sino una atenta observación, mucha observación, y conocer al artista para establecer la relación con sus vivencias, un poco de intuición y, evidentemente, una gran dosis de sentido común.

5

EL DIBUJO DE LOS PERSONAJES

El dibujo de los personajes, de monigotes, es uno de sus temas favoritos. En mi práctica, el 75 por 100 de los dibujos infantiles están constituidos por estos personajes.

Hacia los 3 años, todos los niños del mundo trazan su primer monigote, un dibujo esquemático que consta de un círculo para la cabeza y unos palos para las extremidades. Aunque estos personajes intentan ser humanos, se parecen más a renacuajos ¡admitámoslo!

Figura 35. Dibujos de «monigotes-renacuajo», a la edad aproximada de 3 años.

Figura 36. Dibujos de «monigotes-patata», a la edad aproximada de 3 años.

Hacia los 4 o 5 años, el niño toma conciencia de su espacio corporal y de su entorno. En sus dibujos, diferencia ya la tripa del pecho y de la cabeza. Los trazos de tipo «monigote patata» se trasforman progresivamente. Por lo general, a esta edad, el dibujo del monigote está mucho más estructurado.

Figura 37. Dibujos de monigotes con tripita, pecho y cabeza, a la edad de 4 o 5 años.

Hacia los seis años, el diseño del personaje es más exitoso, con detalles interesantes, aunque la simetría no es ninguna maravilla y los miembros estén mal articulados.

Figura 38. Dibujo de un monigote mal articulado, a la edad aproximada de 6 años.

Hacia los 7 años, lo masculino y lo femenino se distingue perfectamente a través de la ropa (vestidos, pantalones, faldas, shorts…).

Figura 39. Dibujo de monigotes sexuados a la edad aproximada de 7 años.

Con ocho años, el dibujo de los personajes es más simétrico y mejor articulado. Se observa también la aparición del cuello, en ocasiones exagerado.

Figura 40. Dibujo de monigote con cuello a la edad aproximada de 8 años.

Figura 41. Dibujo de Mathias, de 9 años, realizado con colores.

Los personajes de niños de 9 años o más, presentan detalles cada vez más numerosos y una mejor estructuración del cuerpo en general (*véase* la figura 41).

Vamos a ver un pequeño ejercicio, para que te vayas entrenando.

A tu entender ¿qué edad tiene la criatura que ha hecho el siguiente dibujo (figura 42)?

Figura 42. Dibujo de Karelle, realizado con rotuladores.

Percibimos aquí ciertos elementos que aparecen a edades concretas: la ropa de los personajes y la distinción sexual revelan aptitudes gráficas propias de los 7 años. Pero ambos personajes tienen cuello, aptitud gráfica que aparece a los 8 años.

La mayoría de observadores a los que he mostrado este dibujo creyó que el autor tendría siete años y medio. Sin embargo, el dibujo tiene una pista desconcertante: la palabra «preescolar» que figura sobre el dibujo. El artista es una niña de parvulario y tiene 5 años. Moraleja: no pierdas de vista ni un solo detalle. Observa con mucha atención.

Piensa que, cuando un niño dibuja un monigote, esencialmente se está dibujando a sí mismo. El dibujo nos muestra cómo se ve, cómo evoluciona y cómo se sitúa en relación a su entorno. Los demás personajes suelen representar gente próxima a él. En la figura 42, Karelle nos desvela que está enamorada (hay un corazón al lado de su nombre) de Benoît (un niño de su clase) y que ella es consciente de la diferencia entre niños y niñas (la ropa). No les ha dibujado manos; por lo pronto, esta relación permanece en el ámbito del pensamiento y el corazón.

Más adelante verás algunos puntos que hay que tener en cuenta, son simples y muy lógicos en lo concerniente a monigotes. Considera los trazos demasiado simplificados o no presentes, y, al contrario, fíjate en los demasiado elaborados. Ten siempre en cuenta la edad del artista y sus capacidades gráficas, así como el contexto en el que realizó el dibujo y toda la información que tengas sobre él.

- La cabeza: una cabeza gorda puede indicar que el niño se da importancia intentando ser el centro de interés. Por el contrario, cuando la cabeza es diminuta, indica infravaloración o, en algunos casos, depresión.
- Los ojos: su tamaño muestra el grado de apertura al mundo y el deseo de ver. Si son grandes indican extroversión y curiosidad; por el contrario, los ojos pequeños indican introversión. Si no se dibujan en absoluto, indican rechazo a ver la realidad, en casa, en la escuela o en otro ámbito. En ocasiones se ven ojos muy grandes con un puntito enano en medio. Si esto se repite

en una serie de dibujos, puede ser la expresión de un miedo que merece una investigación y una atención especial.

- Las cejas: permiten acentuar la mirada, hacerla simpática o severa y, según el caso, seductora o maligna. Si las cejas se dibujan con un trazo fino, denotan gusto por la estética y la belleza, así como autocontrol. Las cejas gordas y peludas indican dificultad para autocontrolarse y dominar la ira. Pero hay que tener cuidado, porque si es el niño quien se dibuja a sí mismo con cejas pobladas, la pista anterior no se aplica. En ese caso se piensa que tiene una visión realista de sí mismo.

- La boca: expresa tanto la capacidad de alimentarse como el don de la palabra. Una boca abierta puede indicar glotonería o muchas ganas de hablar y comunicarse. Suprimir la boca significa culpabilidad, problemas relacionados con la alimentación o dificultades de comunicación. Los labios apretados reflejan tensión o una agresividad contenida.

- Las orejas: si son muy evidentes y grandes, expresan el deseo de saber, de escuchar, de estar al corriente. Encontramos esta característica en niños ávidos por saber cosas y en los que sufren por las cosas que oyen (disputas frecuentes entre los padres, gritos, amenazas verbales). La ausencia de orejas en los monigotes de niños que ya tienen edad para dibujarlas, puede indicar el rechazo a enterarse de cosas. Cuidado, sin embargo, cuando el personaje tiene el pelo largo, porque las orejas no se ven y, por tanto, no las dibuja.

- Los brazos: evocan la sociabilidad y el contacto con los demás, con el mundo que nos rodea. Si están muy separados indican extroversión, deseo de participación y de comunicación. Si están medio dibujados o escondidos (por ejemplo, detrás del cuerpo de otro personaje), no hay un buen intercambio con el entorno y revelan inhibición o incluso el rechazo a dar.

- Las manos y los dedos: participan en la exploración de la realidad, en la acción y la sociabilidad. Las manos cerradas como puños traducen desconfianza y retención; abiertas expresan disponibilidad. La omisión de las manos puede revelar culpabilidad relacionada con su utilización, por ejemplo, el niño que todo lo toca, todo lo rompe y con frecuencia lo riñen por ello. Algunas manos se dibujan como saliendo de la espalda, cosa que indica timidez. Si están en los bolsillos, muestra una personalidad taimada, que anda con tapujos. Cuando las manos que faltan son las de los adultos (por ejemplo, los padres en un dibujo familiar), puede hacer referencia a la ineptitud de éstos para cuidar del niño, a la falta de afecto con muestras físicas, al menos a ojos del pequeño.

- Las piernas: grandes indican acción, deseo de movimiento, mientras que las piernas cortas representan a niños pasivos. Parecen endebles en los niños inseguros. De manera general, una persona de pie es potencialmente activa; sentada es inactiva; acostada es del todo pasiva y no actúa ante las dificultades. De todos modos, no olvides el contexto del dibujo: si el niño pinta a su familia comiendo, lo lógico es que estén todos sentados.
- Los pies: grandes indican estabilidad, fuerza y seguridad. Los pequeños o ausentes reflejan falta de confianza e inseguridad para andar por la vida.

Veamos el siguiente dibujo.

Figura 43. Dibujo de Philippe, de 5 años, realizado con colores.

Podemos constatar que Philippe, que sólo tiene 5 años, se ha dibujado a sí mismo mucho más alto de lo que es en realidad. Le llega a la cabeza a su propio padre. Eso demuestra una importante autoestima. Parece tener una relación estrecha con su padre, o por lo menos la busca, dada la proximidad evidente entre ambos personajes y el movimiento de su cuerpo acercándose al padre. Si observamos el dibujo más atentamente, vemos que sólo la madre tiene manos y pies. El resto de personajes no los tienen. Está claro que Philippe percibe a su madre como el elemento activo de la familia, como la matriarca que hace y deshace, la que cuida de todos y se encarga de la familia.

La comprensión en cuanto a la estructuración de los personajes y la importancia de la representación de las diferentes partes del cuerpo será útil para abordar el dibujo de la familia.

6

El dibujo de la familia

En el dibujo de la familia, el niño nos indica los miembros a los que se siente más cercano, aquellos con los que tiene complicidad, así como quién le molesta. Por ejemplo, los celos hacia un hermano pequeño o una hermanita, la dificultad para encontrar su sitio en el seno de la familia, la autoridad paterna percibida como excesiva o la falta de autoridad y cuidados…

Si quieres explorar el mundo de la familia en un contexto de trabajo, por ejemplo, dale al niño la siguiente consigna: «Dibuja a tu familia». Proporciónale papel y lápices suficientes. Mira cómo el niño hace el dibujo para ver el orden de aparición de cada personaje. Una vez más, hay que evitar comentar el dibujo y no presumir la identidad de los personajes. El niño será quien los identifique. Una vez lo haya hecho, podrás opinar y preguntar. Invita al niño a que te explique el dibujo y la situación que describe. Siempre debemos dejar libertad al niño para que se calle detalles que no quiere revelar.

Por ejemplo, es deseable empezar preguntando:

- Dime el nombre de las personas dibujadas, explica quiénes son.
- ¿Qué están haciendo?

Después, si quieres y sólo con el objetivo de conocer mejor al niño y su entorno, puedes plantearle las siguientes preguntas, ricas en significado y preguntando por qué tras cada respuesta.

- ¿Quién es el más agradable de todos? ¿Por qué?
- ¿Quién es el más antipático? ¿Por qué?

- ¿Quién es más feliz? ¿Por qué?
- En la familia ¿a quién prefieres de todos? ¿Por qué?
- ¿Y a ti quién te gustaría ser en la familia? ¿Por qué?

Estas preguntas pueden ser abordadas por el educador o profesor, y deben plantearse con suavidad y servir de base para entablar un diálogo con el niño. Hay que vigilar mucho para no inducir las respuestas. Evidentemente, un padre o una madre no pueden plantear este tipo de preguntas a su propio hijo; el niño puede pasar un momento comprometido y no querrá responder sinceramente para no herir a nadie.

En el dibujo de la familia, se trata de prestar una atención especial a la localización de los personajes (si están en primer plano, a lo lejos, en el centro) a su posición respectiva, a su altura (a menudo tiene que ver con la importancia de la persona para el niño) y a su estructura morfológica.

El nexo que existe entre los personajes se indica de diferentes maneras. Lo más evidente es la distancia entre ellos. Busquemos el más cercano, el más alejado, el que está aislado del grupo o el personaje rechazado, que sencillamente no sale en la escena.

Busquemos después dónde se ubica el niño en la estructura familiar y si hay contacto físico entre los diferentes personajes. El afecto que existe entre los personajes se demuestra justamente por la proximidad física y el contacto entre ellos. Cuando hay un punto de contacto entre personajes, sin importar con qué parte del cuerpo sea, el niño indica que hay lazos de amor entre esas personas, como un cable invisible que les pasa electricidad y los anima.

El tamaño de los personajes es una indicación fácil de observar. La importancia subjetiva se muestra por el tamaño que el niño atribuye a cada uno de los miembros de su familia y a sí mismo. Hay una especie de jerarquía psíquica en el círculo familiar. El personaje más amado, admirado o el más dominante, se ve por lo general amplificado. El menos digno de interés es el más pequeño o incluso tachado. El que brilla por su ausencia es quien el niño quisiera eliminar literalmente.

La puesta en escena que hace el niño cuando dibuja a su familia es, por sí misma, una historia completa y elocuente. Lo ideal es comprender a la perfección lo que el niño cuenta en su dibujo porque revive la situación que lo hace feliz o que le preocupa. La circunstancia escogida, el lugar, la decoración y las actitudes respectivas de los personajes suelen ser muy explícitas.

Tomemos como ejemplo el dibujo de Christine, de 5 años (figura 44). La mayoría de los observadores creen que el padre es el personaje más grande, pero no es así. El padre se encuentra en el extremo izquierdo del dibujo. La niña lo dibujó el primero, porque su padre tiene mucho valor para ella, pero como se siente muy unida a su hermano mayor, lo representa a su lado y de gran tamaño. Por otra parte, también es cierto que, en la realidad, su hermano mayor es el más alto de toda la familia. Finalmente, Christine se dibuja a sí misma la última. Es muy raro que con esta edad un niño no se dibuje primero. En el caso de Christine, parece que se siente inferior o menos importante que el resto. Tendríamos que basarnos en una buena serie de dibujos para tener esta certeza. El orden de los personajes, pues, es (de izquierda a derecha) el padre, la madre, el hermano mayor y ella.

Figura 44. Dibujo de Christine, de 5 años, realizado con rotuladores.

A veces, el niño no se dibuja en la representación de su propia familia. Lo cierto es que es poco frecuente, pero pasa. Esta omisión indica menosprecio por sí mismo o dificultades para encontrar su sitio en el seno familiar. La prudencia se impone en estos casos porque hay ocasiones en que los niños se representan a sí mismos con otra forma, como el perrito al que todos acarician y que merece toda la atención.

Volvamos al dibujo de Christine. ¿Hay algo más digno de observación? Para empezar, todos los personajes sonríen y parecen ser felices. Pero ninguno de ellos tiene pies ni manos. Tampoco dibuja orejas. En el caso de las mujeres es normal porque llevan el pelo suelto. La familia en general parece muy poco expresiva en el plano afectivo, dado que nadie se toca a pesar de la proximidad que hay entre ellos. La comunicación entre ellos es poco frecuente, por eso no necesitan orejas. O quizás de nada sirve que uno hable porque nadie le hace mucho caso. Por lo menos ésa es la percepción de Christine el día que hizo el dibujo. Pero, al menos, expresa que es feliz y que su familia también lo es, a pesar de todo.

Si los acontecimientos modifican la dinámica familiar, los dibujos de Christine lo reflejan por completo. Pase lo que pase, cambiarán porque son el reflejo de sus percepciones.

Éste es el dibujo de Christine cuatro años más tarde.

Figura 45. Dibujo de Christine, de 9 años, realizado a lápiz.

En este dibujo, el primer personaje representado ha sido su hermano mayor, Marc, al que adora porque es un payaso con ella (es el personaje central del dibujo y de la vida de la niña). Luego dibujó a su gato Tommy y a su periquita Belle. Sin duda alguna, sus mascotas cuentan mucho para ella y las integra en un lugar importante dentro de la estructura familiar. Después se representó ella misma más grande de lo que es en realidad, casi tan grande como su hermano, a pesar de que ella tiene 9 años y su hermano le saca más de 60 cm. ¿Está expresando Christine una alta autoestima? ¿La propensión a mandar? ¿El deseo de ser considerada al mismo nivel que su hermano? Todas estas respuestas podrían acercarse a la verdad.

Hay que conocer al niño y a su familia. En el caso de Christine, lo que más se acerca a la realidad es su tendencia a decidirlo todo. Después dibujó a su padre (Daniel), cuyo dedo índice apunta hacia su hijastro. En realidad, el padrastro es más bajo que el hijastro, pero más alto que su hija. Sin embargo, Christine dibuja a su padre más pequeño que ella.

Mencionemos estos otros puntos: Christine ha dibujado a su madre (Linda) en último lugar, pero muy cerca de ella, lo cual da fe de una unión muy estrecha. Los ojos de su madre están cerrados. Mientras la dibujaba, la niña comentó que su madre estaba durmiendo. Pero la dibuja de pie. ¿Está la mamá agotada por tener que dormir a ratos y mal? O bien ¿a qué cierra los ojos la madre? Quizás sea una mezcla de ambas cosas.

Finalmente, las proporciones de los personajes sugieren que los padres tienen poca autoridad sobre su hija, al menos en el momento de hacer el dibujo. Los padres de Christine se quedaron de piedra cuando vieron el dibujo de la niña, sobre todo tras los comentarios, que les parecieron plausibles e interesantes. Mencionaron que el comportamiento de la niña era motivo de discusiones frecuentes de pareja. Es interesante relacionar el reconocimiento de las frecuentes disputas con el hecho de que la niña nunca dibuje contacto físico entre los miembros de la familia. El modo de comunicación de esta familia parece pobre e inalterable a ojos de la niña.

Veamos ahora dos ejemplos a cargo de dos niños pertenecientes a la misma familia: Karine, de 10 años, y su hermano Josh, de 7.

Figura 46. Dibujo de Karine, de 10 años, realizado a lápiz.

Empecemos por analizar el dibujo de Karine (figura 46). Tres de los cinco miembros de la familia, tienen orejas; los que no tienen es porque son mujeres y llevan el pelo suelto. Pero el padre es el único que no tiene manos. No están en los bolsillos ni a la espalda, sencillamente no tiene. Lo más sorprendente es que, en el dibujo de su hermano Josh (figura 47), el padre tampoco tiene manos. Los dibujos los realizaron con un día de diferencia, los niños separados y sin posibilidad de que uno viera el dibujo del otro.

Figura 47. Dibujo de Josh, de 7 años, realizado a lápiz.

Parece que la percepción que ambos niños tienen sobre su padre es la misma. Es posible que la inexistencia de manos se explique por la ausencia habitual del padre, que suele estar trabajando. El padre nunca está para «echar una mano» cuando se le necesita; puede que no sea muy cariñoso con sus hijos. Esta hipótesis fue confirmada con posterioridad. Los dibujos fueron realizados durante un intensivo período de trabajo del padre, al que veían poco. Un dibujo de otro momento, como, por ejemplo, en vacaciones, seguramente no sería igual.

En numerosos casos similares al de Karine y Josh, los padres quedan realmente afectados por la justa e implacable percepción que reflejan los dibujos de sus hijos.

Vamos a mencionar ahora algunos elementos del dibujo de Josh (figura 47). Él se representa como el más grande de la familia, aunque, en la vida real, es el más pequeño. Por tanto, este niño tiene una estupenda imagen de sí mismo y se siente capaz de movilizar la atención de todos hacia él. Por otra parte, parece que ostenta mucho poder en el seno familiar y, en consecuencia, sus padres tienen poca autoridad. Ha escrito su nombre dentro del sol. Finalmente, Josh es el único que se dibuja con una boca grande y abierta, lo que desvela su gran locuacidad, aspecto que su madre confirma.

Vamos a ver ahora el dibujo de Juliette, de seis años y medio (figura 48). Si observamos bien, podemos constatar que faltan elementos importantes: ella no tiene piernas y su padre no tiene pies ni manos. En lo que respecta a su madre, no sabemos si no tiene piernas o es que no se le ven porque la ventana no nos lo permite.

Figura 48. Dibujo de Juliette, de 6 años y medio, realizado a lápiz.

Podríamos pensar que a la niña se le acaba el papel y no puede dibujar todo lo que quiere, pero los restos de goma indican que había empezado a dibujar más arriba y lo había borrado para ubicarlo todo más abajo (por desgracia, en la reproducción del dibujo no se aprecia).

En el momento en que Juliette hizo el dibujo, su percepción de sí misma no estaba en el mejor momento. Su madre comentó que, por las tardes, no había forma de que acabara los deberes y había bronca diaria por ese tema. ¿Se sentía Juliette incapaz de tener éxito en la escuela? En otro orden de cosas, se dibuja con los ojos cerrados, como el sol. ¿A qué le cierra los ojos, qué es lo que no quiere ver? ¿No ve la forma de complacer a sus padres o de ser mejor estudiante? Ésta es materia de reflexión.

En cuanto al padre de Juliette, sin manos, ni pies ¿lo percibe como un hombre incapaz de avanzar en la vida? ¿O quizá lo ve incapaz de avanzar hacia ella y quererla? Encima de la cabeza del padre hay una nube trazada con líneas feas ¿representa el carácter del padre? ¿Es un padre intolerante e impaciente? Sabemos que cuando Juliette hizo el dibujo, su padre estaba enfermo en cama; ¿será por eso que el padre no tiene manos ni pies porque no puede acercarse a su hija? Todas estas preguntas merecen una reflexión. Sin duda alguna, el dibujo de Juliette ayudará a sus padres a comprender sus vivencias y sus comportamientos respectivos en el seno de la familia.

De todos modos, que no cunda el pánico ante este tipo de dibujos con olvidos notables: suelen ser pasajeros. Tampoco podemos cerrar los ojos y pensar que con el tiempo las cosas cambiarán solas. Hay que interpretar un dibujo con la idea de conocer, comprender al niño que lo ha hecho y, de paso, estar en posición de ayudarlo o tomar conciencia de la dinámica familiar.

7

El dibujo de la casa

La casa es uno de los temas preferidos de los niños, que aparece desde edades tempranas en los dibujos infantiles. Igual que los monigotes, la casa misma representa al niño que la dibuja, pero también nos informa sobre el ambiente de su hogar.

La casa se compone de tres elementos principales: el subsuelo, la construcción misma y el tejado. El subsuelo raramente se dibuja y representa el inconsciente, lo invisible, lo que permanece escondido. La construcción es el cuerpo de la casa, con sus puertas y sus ventanas. Es la parte viva y habitable, la esfera de vida y del intercambio. El tejado corresponde de manera simbólica al pensamiento y a la imaginación. Una casa bien centrada, con las ventanas abiertas, con una o más puertas, indica que su dibujante es un niño feliz y de carácter demostrativo. Por el contrario, en función de la edad, una casita arrinconada en una esquina del papel, con ventanas diminutas, puede indicar problemas afectivos. De los 6 a los 8 años, en dibujos de este tipo se aprecia un apego particularmente intenso a uno de los padres o una dificultad para abrirse al mundo exterior (compañeros de clase, escuela). Más allá de los 8 años, puede tratarse de un sentimiento de aislamiento o complejo de inferioridad. Hacia los 11 o 12 años o más, este tipo de casas toma otro sentido: pudor, sensibilidad, dificultad relacional.

Una variante de la casa es el castillo; puede representar un refugio ideal, que evoca protección y fuerza. Por otra parte, y en función del contexto vital del niño, puede representar la necesidad de seguridad, de arraigo y de pertenencia.

Figura 49. Dibujo de Mathias, de 10 años, realizado con colores.

Una vez más, los dibujos de casas no deben analizarse fuera de contexto y sin relacionarlos con dibujos anteriores, para poder percibir la evolución.

Las ventanas

Las ventanas son aberturas al mundo, a los demás. Permiten ver lo que pasa fuera. Representan, de algún modo, la mirada del niño al mundo, los ojos con que mira el mundo que lo rodea. Las aberturas de la casa están, pues, relacionadas con su abertura psicológica. Así, grandes ventanales y un portal grande indican receptividad, deseo de compartir y comunicarse y, por tanto, un espíritu abierto y también extrovertido. Por el contrario, una casa cerrada a cal y canto, disimulada de algún modo o con ventanitas pequeñas o cerradas, muestra a un niño introvertido, tímido, asustadizo o cerrado.

94

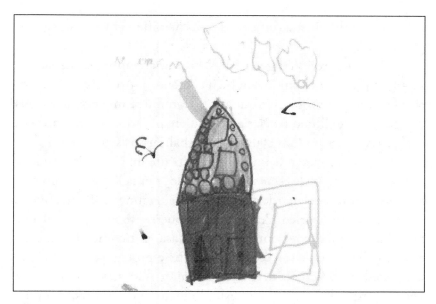

Figura 50. Dibujo de Gabriel, de 6 años, realizado con rotuladores.

De este modo, cuantas más ventanas, más curioso es el niño y más ganas tiene de saber lo que pasa a su alrededor. Las ventanas anchas indican curiosidad por la vida, pero también nos hablan de un niño difícil de satisfacer.

Aquí tenemos un dibujo (figura 50) muy representativo de un niño intelectualmente curioso y muy exigente en el plano relacional. Basta con que contemos el número de ventanas que tiene el tejado y el tamaño de las mismas a ras de suelo.

La puerta

Por definición, las puertas nos permiten acceder al interior de algo, de la casa en este caso, así como salir de ella. En consecuencia, representan la forma en que el niño se comunica con los demás, su forma de acoger a la gente en su realidad interior. Múltiples puertas indican un importante deseo de comunicación, mientras que una puerta cerrada y sin pomo revela dificultades comunicativas. El niño que no dibuja puertas en sus casas manifiesta que se atrinchera en su interior.

El dibujo anterior (figura 50) ilustra una comunicación armoniosa (la puerta y el pomo son bien evidentes). Además, si tu experiencia con el niño te dice que no se comunica mucho en su vida cotidiana, este dibujo revelaría que quiere hacerlo, aunque no sepa cómo. Entonces podrías ayudarlo a verbalizar sus sentimientos, por ejemplo, con la ayuda de un libro que cuente una historia donde se refleje lo que él puede estar sintiendo: celos por la llegada de un hermanito, cambio de guardería o de escuela, la muerte de un abuelo.

Vamos a ver un ejemplo de casa sin puerta (figura 51). Érika ha perdido a su madre recientemente. La casa, por completo ubicada a la derecha, revela su necesidad de sentirse protegida en el futuro, así como la importancia del padre, que ahora será su único punto de apoyo porque la madre ya no está. Evidentemente, Érika no puede expresar con palabras lo que está sintiendo. En el momento en que hizo este dibujo, explicaba que había una gran tormenta con mucho viento. Todo podía salir volando de un momento a otro.

Figura 51. Dibujo de Érika, de 5 años, realizado con rotuladores.

En todas las librerías hay obras destinadas a brindar modelos para que los imiten los niños, con el fin de que puedan superar etapas difíciles. Entre otros, los niños aprecian mucho los cómics de Max y Lili, de Dominique de Saint Mars y Serge Bloch. Cada historia narra un tema de interés para los niños (la escuela, la familia, la vida social, etcétera), una situación que resolver y que puede abordarse luego con los padres. La obra siempre acaba con unas páginas que contienen preguntas para el niño. El humor de las historias permite tratar con dulzura temas que son difíciles de por sí: divorcios, la muerte, los malos tratos, el alcoholismo de un pariente cercano.

La chimenea

No te sorprenda si un niño no dibuja chimenea en su casa. Este elemento tiene tendencia a desaparecer, ya que cada vez hay menos personas que vivan en casas, y las que lo hacen tienen calefacción. La chimenea es un agujero por el que se va el humo. Es el reflejo del estado de ánimo del niño y puede revelar también el ambiente familiar. Poco humo indica poca vida doméstica. Mucho humo puede indicar tensiones familiares.

Figura 52. Dibujo de Siméon, de 6 años, realizado con colores.

Éste es el dibujo de Siméon, un niño con unas necesidades intensas. Reclama toda la atención de sus padres de manera casi continua. Es del todo evidente que, con el número y el tamaño de las ventanas, es un niño extrovertido. Esta situación es un problema para la vida en pareja de los padres. El humo negro y denso que sale de la chimenea en forma de bola es como una bomba a punto de explotar, que refleja el ambiente en que vive el niño.

8

LOS SÍMBOLOS

El dibujo habla libre y totalmente mediante símbolos. Hay dos grandes grupos de símbolos: los universales y los personales.

La primera categoría, conocida también como arquetipos universales, fue descrita por Carl Gustav Jung.[1] Estas imágenes surgidas de la memoria colectiva tienen un sentido común para todo el mundo, por lo que se les llama símbolos universales. El sol, el arcoíris o las nubes, por ejemplo, tienen el mismo sentido para todos los seres humanos, sin importar la época, el país o la cultura. A esta lista parcial, se añaden las formas elementales del trazo, las formas geométricas y los colores.

Precisemos, de todos modos, que un símbolo universal puede, a pesar de todo, desdoblarse en un sentido personal, entrando entonces en la segunda categoría: la de los símbolos personales. Éstos provienen de la experiencia individual y tienen, por tanto, una significación muy personal. Por ejemplo, aunque el color rojo esté asociado al amor apasionado (símbolo universal), para un niño que ha sido marcado por la visión de mucha sangre (el día que su padre se hirió gravemente con la motosierra), el color rojo se asociará –por lo menos durante un tiempo– al dolor, al miedo y a la carencia (luego el padre no pudo cogerlo en brazos durante meses, hasta que la herida se curó).

---

1. Médico psiquiatra, psicólogo y pensador influyente, que editó numerosas obras de psicología y psicosociología, cuyos conceptos de «arquetipo», «inconsciente colectivo» y «sincronicidad» constituyen su contribución esencial.

El secreto consiste en descubrir por qué, entre todas las posibilidades, el «artista» utiliza esa imagen en lugar de cualquier otra para expresar un mensaje concreto (emoción o sentimiento). Es imposible confeccionar una lista exhaustiva de los símbolos personales y sus definiciones. Lo que unos asocian al placer otros lo vincularán al dolor. De ahí la importancia de comprender el significado personal de una imagen o un símbolo.

Lo que sí podemos hacer es una lista breve de algunos símbolos universales que podemos encontrar con frecuencia en los dibujos infantiles. Puedes tomarlos únicamente como punto de referencia, sin olvidar nunca que un dibujo infantil expresa la percepción del niño (sobre sí mismo y sobre su entorno) justo en el momento de hacer el dibujo, y que toda teoría ¡tiene sus limitaciones!

Las formas elementales

Empecemos por las pistas de interpretación derivadas de las líneas básicas del trazo. En este caso solemos hablar del trazo dejado a sí mismo, sin pretender formar parte de ninguna estructura concreta. Estas líneas están presentes en niños menores de 3 años.

- La recta es la figura más simple, la más directa. Representa el rigor, la decisión y, en ocasiones, el fastidio.
- La curva se asocia a la plenitud, a la feminidad, pero también puede indicar dejadez e indiferencia.
- Los trazos oblicuos simbolizan el movimiento, el dinamismo, pero también pueden significar un declive. La línea rota (no la discontinua ni el punteo) suele indicar agitación y frustración.

Veamos ahora algunas asociaciones interesantes.

La predominancia de trazos verticales en un dibujo infantil evoca la fuerza, la dignidad, la verdad. En algunos casos será síntoma de rigidez e inmovilismo.

Los trazos predominantemente horizontales son sinónimo de calma, de reposo, de tranquilidad, de horizontes serenos y amplios. En algunos casos pueden indicar falta de energía. La presión del trazo y la rapidez de movimiento deberán tenerse en cuenta para hacerse una idea precisa.

Las figuras geométricas

Las figuras geométricas están presentes en los dibujos de los niños y son la base de numerosas construcciones. Es la repetición marcada de una misma figura la que debe interesarnos. Veamos algunos ejemplos.

- El círculo se refiere a la unidad, al vientre materno, al marco afectivo.
- El cuadrado evoca la idea de certidumbre, de solidez y de encierro. El rectángulo es parecido y concierne a la estructura, y denota una base sólida.
- El triángulo, por su parte, puede reflejar armonía, proporción, seguridad y estabilidad. Por ejemplo, los tejados de las casas y los vestidos de las niñas suelen ser un simple triángulo.

Los colores

Numerosas obras tratan sobre la expresión de los colores y sus diferentes poderes. Algunas, avaladas por trabajos científicos, demuestran la acción de los diversos colores sobre el organismo humano o animal. De hecho, los experimentos llevados a cabo en un laboratorio han permitido determinar la relación entre ciertos colores y su repercusión en los planos fisiológico y mental. De este modo, se sabe que cuando se introduce a dos individuos en un entorno rojo vivo, tras cierto tiempo, sus ritmos cardíacos se aceleran, y la respiración y la tensión arterial aumentan. El rojo tiene, definitivamente, un efecto excitante sobre el sistema nervioso. Es un color estimulante, dinamizador. Por el contrario, la misma experiencia llevada a cabo con el color azul produjo la disminución de la tensión y la ralentización de los latidos del corazón y la respiración. El azul tiene un efecto calmante y facilita la interiorización. Los colores nos llevan también a la historia y a la cultura: el negro se asocia al luto en Occidente, el verde a la esperanza y el rojo a la pasión. Estas asociaciones cambian en el tiempo y según la cultura. Así, el blanco es el color del luto en Japón.

Un color atrae o suscita repulsión por razones muy precisas. Cada color tiene un contenido afectivo y emotivo particular para cada individuo, directamente relacionado con sus vivencias. Es este aspecto el que se debe tener en cuenta a la hora de la interpretación. Por ejemplo, la niña de 4 años, muy ligada a su padre, el cual siempre viste trajes de color azul marino, asociará este color al amor paterno o a la noción de autoridad masculina.

Por otra parte, hay que tener en cuenta ciertas condiciones del niño en el momento en que ha dibujado: ¿tenía a mano una serie de colores diferentes? Los niños optan casi siempre por los mismos cuatro colores: azul, rojo, amarillo y verde. Antes de los 2 años, suelen escoger tonos muy oscuros, como azul, marrón y negro, porque contrastan mucho y los ven mejor sobre el blanco del papel.

Finalmente, un color no debe **captar** nuestra atención a no ser que lo usen:

- Prioritariamente (el niño siempre pinta con el mismo color).
- En exceso (un solo color o un color dominante sobre el resto).
- De una manera mala (a partir de los 5 años el sol no puede ser gris ni un perro verde).
- En un color uniforme (todo pintado del mismo color, aunque disponga de toda una gama).

Si ello ocurre, se tendrá que descubrir el significado de ese color insistente para el niño en cuestión. Puede ser muy útil preguntar al niño o consultar a los padres o a los profesores.

Cada color tiene un sentido general, pero encierra un aspecto positivo y otro negativo, es decir, los polos opuestos de una sola cosa. Todo es cuestión de matices. El estilo del dibujo y el conjunto de colores empleados determinarán un polo u otro. Formulemos ahora algunas consideraciones generales en relación a los principales colores.

Rojo

El rojo se asocia generalmente a la energía, al dinamismo; simboliza la alegría de vivir, el optimismo y el vigor. La presencia marcada del color rojo en un dibujo infantil puede indicar, pues, una naturaleza enérgica y fogosa. Este color también representa el instinto combativo y tendencias agresivas. Estos significados se amplifican si el color rojo se asocia a trazos angulares ejecutados con fuerte presión. Una amplia utilización del rojo puede reflejar una excitación profunda o el deseo de movimiento. Evidentemente, también puede revelar amor, una pasión intensa por un personaje en particular (un padre, un abuelo, un animal doméstico, etcétera) si éste va vestido de rojo en el dibujo del niño.

Amarillo

Ningún color es más alegre que el amarillo. Color del sol, de la fiesta, de la alegría, divierte a todo el mundo e irradia energía. De hecho, es un color cálido y estimulante. Igual que el Sol difunde sus rayos portadores de vida sobre la Tierra, el amarillo simboliza vida y movimiento. Sin embargo, tras este aspecto festivo, se esconde otro negativo. Una fuerte predominancia del amarillo en el dibujo de un niño indica una gran presión frente a los padres, que quizá sean demasiado exigentes.

Azul

Este color simboliza la paz, la armonía y la tranquilidad. Llama a la evasión y al sueño. El azul es sereno, calmante y pacífico. Pero la predominancia del azul puede reflejar una persona lenta e introvertida. También puede simbolizar el descanso o incluso la pasividad.

El escenario del dibujo nos indicará en qué esfera de la vida se busca o se encuentra la calma, o de quién la recibe el niño.

Verde

Este color, tan presente en la naturaleza, está dotado de poder regenerativo. En el plano psicológico, la presencia marcada del verde puede representar la voluntad en la acción, perseverancia y tenacidad o, por el contrario, actitudes de resistencia u oposición. También puede reflejar la necesidad de expansión, de afecto o bien la sobrevaloración. Conocer al niño, su entorno familiar y el contexto en que realiza el dibujo nos ayudarán a comprender el sentido de este color.

Negro

Contrariamente a la creencia popular, el negro no es un color negativo. Los educadores y los padres se inquietan fácilmente y algunos llegan a retirar este color del estuche de sus hijos cuando éstos pintan mucho con el lápiz negro. A menudo está asociado a fuerzas oscuras y tenebrosas, al mal y a los pensamientos negativos; cuando el negro se usa mucho, la gente piensa en lo peor: que el niño vive en estado de angustia o que presenta alguna patología. ¡Nada más lejos de la realidad! Personalmente, asocio el negro a la nobleza. Durante mucho tiempo creí que vestirme de negro me daba más credibilidad. Para otros, vestirse de negro es una buena elección para parecer delgado. En el caso de los niños, el negro no tiene nada que ver con la tristeza, la muerte o la desesperación. De hecho, este color tiene un efecto calmante muy marcado.

Menuda paradoja, dirás tú, que los niños tengan miedo de la oscuridad y la noche, que les resultan de todo menos calmantes. El color negro en un dibujo le da un aspecto destacado, marcado, demuestra una voluntad firme. La presencia abundante del negro puede reflejar, pues, fuerza e independencia. Si abunda, puede revelar una personalidad contestataria. El negro también permite esconder. El niño puede usarlo para ocultar sus pensamientos o mantener cosas en secreto. Es una forma de autoprotección. Además, cuando el niño duda ante la elección de un color, suele escoger el negro porque queda bien con los otros colores. Aunque el negro se perciba como un color discreto entre los adultos, para los niños es chillón y sirve para captar la atención.

Veamos el dibujo de Thomas. Cuando su madre me lo trajo, estaba inquieta porque su hijo lo pintaba casi todo de negro (figura 53) y sus dibujos solían tratar de temas de combate (armas, calaveras, explosiones).

Figura 53. Dibujo de Thomas, de 5 años, realizado con rotuladores.

La madre le pidió al niño que pintara con otros colores porque estaba harta de verlo todo negro. Su hijo lo hizo (para complacerla) pero las escenas seguían siendo de combate.

Éste es otro dibujo de Thomas (figura 54). El arma que hay cerca de la cara es color malva y el resto es azul pálido (color pacífico). ¿Quiso el niño tranquilizar a su madre con estos colores?

Figura 54. Dibujo de Thomas, de 5 años, realizado con rotuladores.

Thomas empezó a dibujar profusamente a partir de los 4 años y las calaveras aparecieron tras una fiesta de Halloween, en la que se sintió impresionado por esos motivos tétricos. Adora los súper héroes, tales como Spiderman, y se califica a sí mismo como «bola de poder». Al hilo de esta conversación, la madre se dio cuenta de que a su hijo no le gustaba particularmente el color negro, pero que lo usaba para que sus dibujos resultaran más impactantes.

Rosa
El rosa es para las niñas lo que el azul para los niños. Es símbolo de seducción, de romanticismo y de feminidad. El rosa es un color

106

dinámico pero con un punto de delicadeza. También se asocia a la ternura y a la felicidad, como lo demuestra la expresión «de color rosa». Cuando se exagera su uso, puede demostrar la necesidad de dulzura, ternura o vulnerabilidad ante las situaciones poco agradables. Sobre todo en este caso, queridos papás, debéis saber que la presencia del color rosa en el dibujo de un niño varón no indica ninguna orientación sexual concreta. No tiene nada que ver con ese tema.

Marrón

Color de la tierra por excelencia, el marrón es un color suave, tranquilizante y casi maternal. Ni triste ni alegre, este color neutro es uno de los más repartidos en el mundo animal y vegetal, por eso se usa tanto en los dibujos. También es sinónimo de dulzura, gracias a su máximo representante infantil: el chocolate, que tiene un delicioso sabor y nos quita todas las penas. En este sentido, si se usa en abundancia, puede indicar necesidades básicas de protección y seguridad física. Un punto en común entre todos los niños a los que les gusta el color marrón por encima de cualquier otro es que suelen ser niños celosos y posesivos.

Durante una conferencia, un padre trajo el dibujo de un hijo suyo de 7 años (por desgracia este dibujo no está disponible), en el que todos los personajes de la familia estaban pintados de color marrón. La madre estaba perpleja porque parecían una familia de negros, cuando todos eran de raza blanca. En el dibujo, el niño expresaba, sencillamente, que para él toda la familia tenía la piel oscura, muy morena, a pesar de ser todos caucásicos. Era su percepción, nada más que eso.

Gris

El gris es un color muy soso, asociado a la tristeza y a la soledad. Es complicado encontrarle algo simpático cuando en la naturaleza son grises las ratas, la suciedad y los días nublados y fríos. Por sí solo, este color no parece tener nada positivo. Pero es raro que un niño lo use mucho. Cuando miramos el plumier de nuestros hijos, el gris suele ser el lápiz más largo, porque lo usan poco y no destaca sobre el papel blanco. El gris empleado en abundancia apunta a un período de transición, a una tendencia a obsesionarse con frustraciones pasadas. También puede traducir enfado, frialdad y falta de energía. Cabe destacar que el lápiz de grafito, el de escribir, no se traduce por el color gris.

Los símbolos naturales

Ahora haremos referencia a los elementos de la naturaleza utilizados con más frecuencia por los niños y las niñas.

El sol

Es el símbolo del poder creador, de la vida, de la fuerza y de la potencia. Su luz es la de la inteligencia y el conocimiento. Positivo y dinámico, está asociado a rasgos de carácter como la nobleza, el poder, la ambición, la autoridad, la generosidad y el entusiasmo, así como el orgullo e incluso la tiranía.

Hasta hace bien poco, el sol representaba exclusivamente al padre, por considerarse una energía sobre todo masculina. Pero con el tiempo este simbolismo ha cambiado.

Cuando el sol se dibuja a la izquierda, nos habla de una madre fuerte e independiente, que actúa sin esperar ayuda de nadie y que se basta a sí misma en todo. Si sus rayos son muy ardientes, esa madre será controladora y dominante. Un sol brillante a la derecha muestra la percepción que el niño tiene de su padre. Una vez más, debemos ser prudentes porque sólo se trata de la percepción del niño, pero no de la realidad.

En este dibujo vemos que el nombre de la niña y el sol se tocan ¿debemos creer que esta pequeña es víctima de la violencia física o verbal de su padre (sol a la derecha)? Naturalmente que no, o al menos de entrada, pero tampoco vamos a cerrar los ojos como si no pasara nada, porque pasa algo. Yo fui testigo de lo que pasó cuando se hizo este dibujo.

Figura 55. Dibujo de Christine, de 5 años, realizado con rotuladores.

Fui de visita a casa de unos amigos míos. Christine estaba en el salón balanceándose peligrosamente sobre un taburete. Su padre le advirtió de que se estuviera quieta o al final se caería del taburete. Ella hizo caso omiso, siguió tambaleándose y al final se cayó de bruces y se hizo daño. Su padre se quedó quieto, sin ayudarla a levantarse, mirándola con los ojos muy abiertos y una expresión severa; tenía razones de sobras, sin duda alguna. La niña se puso a berrear y subió a su habitación muy ofendida. Al cabo de un rato bajó, ya sin lágrimas, con un dibujo en la mano, que no entregó ni a su padre ni a su madre, sino a mí, porque sabía que yo entendía de dibujos infantiles. Cuando vi el dibujo, en efecto, comprendí perfectamente su mensaje. Venía a decir esto:

«Querida Brigitte:
    Mi padre es muy desagradable conmigo (los rayos del sol quemando su nombre). Es malo. Tengo el corazón desgarrado (el cora-

zón del centro, partido y con dos colores diferentes). Por suerte, mi madre es perfecta (gran corazón rojo de la izquierda). He conseguido superar este terrible agravio paterno gracias a la alegría que tengo dentro de mi cabeza (las estrellas y la flor en la parte superior de la hoja)».

Como podemos comprobar, esta niña no está en peligro y nadie la maltrata, pero pone de manifiesto su mala relación con un padre serio que no le ríe siempre las gracias. Entonces decidí pasar a la acción y me puse a hablar de la sensibilidad de las niñas pequeñitas de 5 años, que esperan un poco de compasión por parte de su papá. El padre me escuchaba con una sonrisita disimulada; creo que captó el mensaje. Naturalmente, este episodio no lo trasformo por arte de magia en un padre tierno en todo momento, pero espero que le hiciera ver que un poco de flexibilidad no estaría de más.

Las nubes

El niño sensible a la atmósfera familiar o social dibuja nubes. Éstas no son necesariamente portadoras de mal tiempo, aunque sean productoras de lluvia. El niño sabe diferenciar entre las nubes que anuncian lluvia, las que son decorativas y las que traerán una tormenta terrible. Quien las dibuja es, pues, consciente de que hay momentos agradables y otros desagradables. El color empleado ayuda a interpretar el sentido (nubes azules: buen tiempo asegurado; nubes grises o negras: tensión en el ambiente).

El dibujo de la figura 56 propone un ejemplo muy representativo del sol y las nubes. Esta niña no percibe de la misma manera a su padre que a su madre. El sol de larguísimos rayos a la izquierda nos habla de una madre exigente (rayos en exceso largos) y un padre melancólico, definido por la nube con la lluvia. Por suerte, la niña se siente fuerte y sólida (bien arraigada) y funcional (la flor es radiante). La interpretación de este dibujo, que concuerda con la realidad familiar, permitió a los padres tomar conciencia de la percepción que su hija tiene de ellos y reconocer su potencial.

Figura 56. Dibujo de Karelle, de 11 años, realizado con rotuladores.

El arcoíris

Lleno de colores, establece un puente entre el cielo y la tierra. Evoca una protección mágica bajo la cual uno se puede arbitrar tranquilamente. En los dibujos, con frecuencia el niño se protege simbólicamente colocándose bajo el arcoíris. Ello no indica por fuerza una situación traumática, pero tal vez sí una incomodidad o una situación poco agradable, dado que el arcoíris aparece siempre entre el mal tiempo y el sol radiante. El niño que dibuja un arcoíris nos está diciendo que ha conocido la tormenta o que la está viviendo y desea que pase. Lo más deseable es mostrarse tranquilo con él en nuestras intervenciones en la vida cotidiana y proporcionarle seguridad a menudo.

Éste es otro dibujo de mi hija Karelle, de 9 años (figura 56). Me lo dio tras un viaje a Francia. Semanas antes de que me fuera, la niña mostró inquietud por miedo a que yo muriera en un accidente de avión. Era la primera vez que estábamos separadas tanto tiempo, ella y yo, y comprendí lo que ella sentía. Intenté calmarla, pero fue en vano. Durante mi ausencia, su padre cuidó de ella. A mi regreso, en el aeropuerto, donde me esperaba con impaciencia, tras innumerables caricias y risas mezcladas con lágrimas, muy feliz, me dio este dibujo.

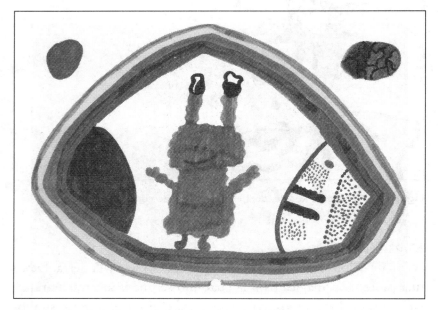

Figura 57. Dibujo de Karelle, de 9 años, realizado con rotuladores.

Cuando le pedí que me lo explicara, respondió: «Se trata de un extraterrestre en su platillo volante. Los colores del platillo volante son como el arcoíris». En el reverso del dibujo, escribió en color amarillo: «Mamá, tú eres mi rayo de sol, esto es para ti, esto lo explica todo». ¡Me quedé estupefacta! ¿Por qué un dibujo así al regreso de un viaje?

Para escribir en amarillo sobre un papel blanco, hay que querer hacerlo de manera premeditada, porque es difícil leer en ese color. Karelle escogió el amarillo para representar el color del sol y establecer así una relación con el texto. A través de sus líneas, percibí que ella también quería ser mi rayo de sol pero ¿cómo lo iba a ser con la inmensa distancia que nos separaba? Por otra parte, el platillo volante ¿significa que, durante mi viaje, ella me veía en un universo completamente lejano y desconocido? Debe ser así porque para ella yo estaba a años luz. ¿Temía que no la reconociera a mi regreso, que yo fuera como un extraterrestre para ella? Hay que saber que el marciano era verde de la cabeza a los pies. Todos nos referimos a menudo a los extraterrestres como «hombrecillos verdes» pero ella, con sólo 9 años, no sabía nada de eso. Casi con seguridad, el verde representaba toda la madurez que había necesitado durante mi ausencia ¿interminable para ella?

Sin embargo, lo que más llamó mi atención era el arcoíris utilizado como estructura del platillo volante. Quería expresar algo como: «Gracias a Dios has vuelto y ahora estoy mucho mejor, porque en realidad soy muy frágil. ¡No me exijas tanto!». Su padre y yo nos habíamos divorciado cuatro años antes. El duelo por la separación es un proceso largo y era evidente que el de mi hija no había concluido.

Como tantas otras madres, yo podría haberme sentido culpable durante mucho tiempo y negarme a viajar para no apartarme de ella. Sin embargo, mi novio y yo decidimos planificar otro viaje a Francia, esta vez acompañados por la pequeña. Tres años más tarde, hicimos ese viaje juntos, y conservamos un montón de bonitos recuerdos que quedarán grabados en nuestra memoria para siempre.

Los animales

Su presencia en un dibujo infantil es significativa, salvo si el animal dibujado es la mascota de casa. En tal caso, el animal se considera un miembro más de la familia (*véase* el capítulo sobre los dibujos de la familia). También hay que tener en cuenta el contexto y hacer la distinción entre el dibujo realizado después de haber visto una película o tras la visita a un zoo, del dibujo espontáneo que prioriza ciertos animales. Por ejemplo, si se trata de un perro, podemos concluir que el niño adora la compañía y que es activo. Si se trata de un gato, el niño desvela su lado más independiente, solitario, con necesidad de ser mimado sólo cuándo a él le apetece. Los pájaros, muy frecuentes en los niños y niñas, suelen servir sólo para decorar un paisaje, sobre todo cuando van volando por el cielo. Si dibujan uno posado en una rama, suele revelar una naturaleza curiosa. Por otra parte, algunas culturas relacionan los pájaros con ciertos símbolos, como, por ejemplo, el vuelo de un pájaro como símbolo de libertad. El águila es símbolo de majestuosidad, la paloma lo es de la paz. El pez representa una naturaleza calmada y silenciosa. En cuanto a los monstruos, no hay que asustarse: suelen utilizarse para impresionar, sin responder en absoluto a la naturaleza del niño.

Éste es el monstruo dibujado por François.

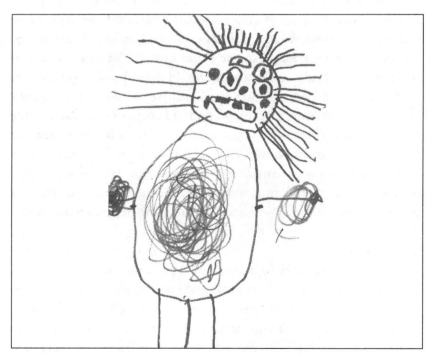

Figura 58. Dibujo de François, de 6 años, realizado con rotuladores.

9

Artista consumado

¿Cuaderno para colorear o papel en blanco?

Colorear es una actividad esencial para el desarrollo psicomotor del niño. Además, el cuaderno para colorear ayuda a desarrollar la concentración y la precisión gestual. Los modelos preestablecidos no lo limitan necesariamente al plano de la creatividad, como algunos piensan. Un niño creativo no se dejará limitar por la página que va a colorear. No es raro ver cómo los niños añaden elementos al dibujo del cuaderno, para personalizarlo.

Por otra parte, aprender a colorear sin salirse de las líneas le permite al niño entender que en la vida hay leyes, normas y reglas que deben respetarse. Si el niño, al madurar, continúa pasándose de las figuras al colorear, tendremos delante a un niño difícil de controlar que tenderá a no respetar los límites que se le imponen. En resumen ¡todo un temperamento!

Veamos cuatro ejemplos de dibujos coloreados.

Figura 59. Coloreado de Adam, de 3 años, realizado con colores.

Figura 60. Coloreado de Zachary, de 3 años, realizado con colores.

Figura 61. Coloreado de Raphaëlle, de 3 años, realizado con colores.

Figura 62. Coloreado de William, de 3 años, realizado con colores.

Zachary (figura 60) y William (figura 62) demuestran una facilidad innata para respetar los límites, mientras que sucede todo lo contrario con Adam (figura 59) y con Raphaëlle (figura 61).

En los niños menores de 3 años, colorear ayuda a desarrollar la motricidad fina, a sostener el lápiz, a gestionar el espacio y a pasar un rato divertido en un día lluvioso. Por otra parte, existen cuadernos para colorear especiales para bebés, con modelos que permiten a los más peques aprender los colores. Son dibujos grandes y sencillos, redondeados, particularmente adaptados a los bebés. Tanto si siguen el modelo como si dejan volar su imaginación y expresarse, se lo pasan bomba.

En los mayores de 4 años, colorear es importante para desarrollar la destreza. Esta actividad potencia el sentido del espacio ayudando a trabajar este aspecto. Es fácil de ofrecer a los niños y, además, sale muy económico. Durante los desplazamientos, el cuaderno de colorear y los lápices son fácilmente trasportables, ocupan poco espacio y entretienen mucho a los niños. Todos los padres deberían tener un cuaderno y unos colores guardados para momentos imprevistos, cuando los niños estén muy nerviosos o cuando pronuncien la eterna frase: «Mamá. Me aburro. ¿Qué hago?».

Generalmente, gracias a internet, es fácil conseguir diseños bonitos e imprimirlos. Puedes clasificarlos por temáticas: animales, letras del alfabeto, fiestas del año como Navidad, san Valentín, la castañada, etcétera.

Figura 63. Coloreado de Maika, de 3 años y medio, realizado con rotuladores.

Según su maestro, Maika (figura 63) es una niña paciente y aplicada, no sólo por su forma de colorear, sino también por todas las actividades relacionadas con nuevos aprendizajes: motricidad, lenguaje, etcétera.

Para motivar a los niños a colorear y beneficiarse por completo de la actividad, escoge cuadernos con dibujos adaptados a niñas o a niños, porque éstos no comparten intereses. Además, los cuadernos con dibujos para colorear son una forma lúdica para conocer otras culturas y épocas pasadas de la historia. Colorear escenas medievales o romanas es una forma de suscitar interés por el modo de vida de cada época.

La hoja en blanco, por su parte, permite al niño dar libre curso a su imaginación. Expresa su creatividad y le ofrece la oportunidad de comunicarse con libertad.

Con franqueza y objetividad, hay que dar al niño ambas opciones para que escoja la que prefiera: dibujos listos para colorear y hojas en blanco para que dibuje él. No es deseable eliminar una cosa en provecho de la otra.

Guardar los dibujos de los niños: metodología sugerida

Tanto si eres padre como si eres maestro o profesor, es importante seguir la evolución de los niños a través de sus dibujos, adoptando un pequeño método de notación.

Apunta la siguiente información en el reverso de los dibujos entregados por el niño o la niña:

- Nombre del niño, edad y fecha en que se realizó.
- Circunstancias del dibujo.
- Comentarios de los niños sobre su propio dibujo o el título que le dan.

Esta información preciosa servirá para la eventual interpretación.

- ALEXANDRE – 5 años / 6-enero-2009 / Vuelta a la escuela tras vacaciones familiares / Comentario del niño: árbol de navidad con los regalos.
- CASSANDRA – 4 años / 22-febrero-2009 / Actividades sobre el arcoíris / Comentario de la niña: picnic en un parque, con el arcoíris.
- ANTOINE – 2 años / 4-abril-2009 / Hoy no quería venir a la guardería / Comentario del niño: «Yo con mis amigos en mi casa», dicho en tono de fastidio.

Sabías que...

¿Sabías que el equipo de Crecer con Salud del hospital Sainte-Justine de Montreal se ha inspirado en los dibujos y los textos infantiles recibidos durante el concurso *Describe la habitación de hospital de tus sueños* para diseñar las habitaciones de las unidades infantiles? El concurso tuvo lugar entre marzo y abril de 2008.

El objetivo era hacer desaparecer las habitaciones compartidas por dos o cuatro enfermos, para diseñar habitaciones individuales donde pudiese tener cabida la familia del niño enfermo. Un grupo de psicólogos analizó los 350 dibujos recibidos para crear las nuevas habitaciones, lo que sirvió de orientación a los arquitectos y diseñadores en esta tarea.

Es también un medio eficaz de permitir a los jóvenes pacientes expresar sus necesidades, sus expectativas y sus preferencias. Un dibujo tiene más de una utilidad.

¿Sabías que en abril de 2010 tuvo lugar la octava edición del concurso internacional de dibujos infantiles en Libia (en el norte de África) para promover la Convención Internacional de Derechos del Niño? Puesta en marcha por la Dirección de la Infancia del Comité Popular General libio de Asuntos Exteriores, esta manifestación cultural pretende dar a conocer a los niños cuáles son sus derechos, estipulados por la Convención Internacional de Derechos del niño, así como ofrecer una ocasión para expresar el talento y la creatividad artística.

Niños de cuatro rangos de edad participaron en este concurso: entre 6 y 9 años, de 10 a 14, de 15 a 18 y niños discapacitados de 6 a 18 años.

Los temas de los dibujos debían inspirarse en alguno de los capítulos de la convención internacional de los derechos del niño.

Conclusión

Proyección psicológica del universo infantil, más allá del placer que procura, el dibujo revela la personalidad completa del niño. Éste a menudo no posee las palabras justas para expresar sus emociones: alegrías, penas, inquietudes y miedos. El dibujo constituye un mensaje fundamental.

Conservar una serie de dibujos infantiles permite escuchar lo que le pasa para poderle ayudar a desarrollarse sin resultar invasivo ni brusco. Los ojos de un adulto no son como los de un niño. De ahí la importancia de dialogar a partir del dibujo, de pedirle que nos cuente lo que ha dibujado. Esto puede ser un juego, pero también una aventura.

De hecho, los niños son, muchas veces, más lúcidos de lo que nos creemos y lo demuestran a través de los dibujos; así, los adultos se paran a reflexionar sobre lo que sus hijos sienten. Éste puede ser uno de los objetivos del dibujo. Entrar en el mundo del dibujo infantil es acompañar al niño a encontrarse a sí mismo. Es uno de los métodos que permite compartir, paso a paso, su evolución y comprender las diferentes etapas de maduración.

Tanto si el niño dibuja rápidamente con el fin de divertirse como si ejecuta una verdadera obra maestra, el dibujo desprende energía y un mensaje. Dicha energía es la marca del individuo. Traduce su unicidad y revela lo que es fundamental y lo que se siente en el momento de hacer el dibujo.

Por último, aunque la información de este libro no revele más que una pequeña parte de los secretos del análisis de los dibujos infantiles, pueden ayudarte a descubrir lo que se esconde detrás de las obras de tus pequeños. Espero que te aclaren puntos de su personalidad y los interrogantes del pequeño.

Tanto si somos padres como si somos educadores, la comprensión de los dibujos es una herramienta preciosa para entrar en contacto profundo con el alma infantil. Los años de infancia pasan con mucha rapidez. Entrar en el simbolismo del dibujo es captar la instantánea, la intensidad y estrechar los lazos entre el niño y tú.

BIBLIOGRAFÍA

BALDY, RENÉ. *Dessine-moi un bonhomme*, France, Ed. InPress, 2008, 247 p.

BARON, CHANTAL. *Les troubles anxieux expliqués aux parents*, Montreal, Ed. Hôpital Sainte-Justine, 2001, 88 p.

BÉDARD, NICOLE. *Comment interpréter les dessins d'enfant*, Montreal, Ed. Québécor, 1993, 104 p.

CHERMET-CARROY, SYLVIE. *Comprenez votre enfant par ses dessins*, Montreal, Ed.Libre Expression, 1988, 192 p.

CLOUTIER, RICHARD; FILLION, LORRAINE; TIMMERMANS, HARRY. *La famille recomposée*, Montreal, Ed. Hôpital Sainte-Justine, 2001, 164 p.

CHICOINE, JEAN-FRANÇOIS; DR. COLLARD, NATHALIE. *Le bébé et l'eau du bain*, Montreal, Ed. Québec Amérique, 2006, 513 p.

CÔTÉ, ISABELLE; DALLAIRE, LOUIS-FRANÇOIS; VEZINA, JEAN-FRANÇOIS. *Tempête dans la famille*, Montreal, Ed. Hôpital Sainte-Justine, 2004, 144 p.

DAVIDO, ROSELINE. *La découverte de votre enfant par le dessin*, París, Ed. L'Archipel, 1998, 261 p.

DOLTO, FRANÇOISE. *La difficulté de vivre*, París, Le livre de poche, 1986, 573 p.

— *La cause des enfants*, París, Ed. Pocket, 2003, 602 p.

DUCLOS, GERMAIN; LAPORTE, DANIELLE; ROSS, JACQUES. *L'estime de soi des adolescents*, Montreal, Ed. Hôpital Sainte-Justine, 2002, 96 p.

— *L'estime de soi, un passeport pour la vie*, Montreal, Ed. Hôpital Sainte-Justine, 2000, 128 p.

—; DUCLOS, MARTIN. *Responsabiliser son enfant*, Montreal, Ed. Hôpital Sainte-Justine, 2005, 200 p.

GAGNIER, NADIA. *Ah non pas une crise...* Montreal, Ed. La Presse, 2006, 77 p.

— *Maman j'ai peur, chéri je m'inquiete*, Montreal, Ed. La Presse, 2006, 77 p.

GRATTON, NICOLE. *L'Art de rêver*, Montreal, Flammarion Québec, 2003, 222 p.

— *Rêves & Symboles*, Loretteville, Ed. Le Dauphin Blanc, 2003, 127 p.

— *Mon journal de rêves*, Montreal, Ed. De l'Homme, 1999, 170 p.

— *Les rêves, messagers de la nuit*, Montreal, Ed. De l'Homme, 1998, 170 p.

— *Rêves et complices*, Carignan, Ed. Coffragants, 1996, 52 p.

GREIG, PHILIPPE. *L'enfant et son dessin*, France, Ed. Eres, 2003, 301 p.

JULIEN, GILLES. *Aide-moi à te parler*, Montreal, Ed. Hôpital Sainte-Justine, 2004, 144 p.

— *Enfances blessées, sociétés appauvries*, Montreal, Ed. Hôpital Sainte-Justine, 2000, 240 p.

JUNG, CARL GUSTAV. *Essai d'exploration de l'inconscient*, París, Ed. Denoël, 1988, 181 p.

LANGEVIN, BRIGITTE. *Le rêve et ses bénéfices*, Bois-des-Filion, Ed. L'ABC des Rêves et du Sommeil, 2007, 148 p.

— *Comment aider mon enfant à mieux dormir*, Boucherville, Ed. De Mortagne, 2009, 202 p.

LAPORTE, DANIELLE. *Être parent, une affaire de cœur I*, Montreal, Ed. Hôpital Sainte-Justine, 1999, 144 p.

— *Favoriser l'estime de soi des 0-6 ans*, Montreal, Ed. Hôpital Sainte-Justine, 2002, 202 p.

SAINT-JACQUES, MARIE-CHRISTINE; PARENT, CLAUDINE. *La famille recomposée*, Montreal, Ed. Hôpital Sainte-Justine, 2002, 144 p.

SAUVÉ, COLLETTE. *Apprivoiser l'hyperactivité et le déficit de l'attention*, Montreal, Ed. Hôpital Sainte-Justine, 2002, 144 p.

VAN DEN BOSSCHE, JEAN. *Dessine-moi ton monde*, Bélgica, Ed. Pierre Mardaga, 2006, 368 p.

WIDLÖCHER, DANIEL. *L'interprétation des dessins d'enfants*, Bélgica, Ed. Pierre Mardaga, 1998, 176 p.

Webs consultadas

Para los dibujos de monigotes:
http://isabellesamyn.e-monsite.com/rubrique,dessin-du-bonhom-me,6915.html

Los garabatos en los niños:
http://lagraphologiesaitquoi.centerblog.net/rub-Gribouillage.html

Investigaciones sobre los dibujos infantiles:
CHU Ste-Justine, concurs: *Décris-moi ta chambre d'hôpital*: http://www.chu-sainte-justine.org/Apropos/nouvelle.aspx?id_menu=617&ID_NOUVELLES=51167

ACERCA DE LA AUTORA

Brigitte Langevin es conferenciante y educadora en Canadá y en Europa. Intenta concienciar a la gente para dormir mejor y comprender en profundidad los beneficios de trabajar con los propios sueños. También ha desarrollado cierta experiencia en lo concerniente a los dibujos infantiles y la comprensión de los mismos.

Su dinamismo y su sentido del humor, así como su facilidad para divulgar conceptos teóricos y científicos, hacen de ella una conferenciante muy popular. Ayuda a las personas a cuidar de sus horas de sueño y a analizar sus sueños, así como a asumir sus roles de padres o educadores, desmitificando los dibujos de los niños.

Autora prolífica, ha publicado ocho obras hasta la fecha.

Rêves & Créativité se dirige a todos los que quieren desarrollar su potencial creativo a través de los sueños, tanto en el ámbito personal y artístico, como en el profesional y científico.

Recueil de postulats, quinientas preguntas para encontrar soluciones durmiendo.

S.O.S Cauchemars permite comprender la causa de las diferentes pesadillas, de interpretarlas y darles sentido. La obra también propone un método eficaz para prevenirlas.

Mon premier journal de rêves, herramienta simple y original, concebida para todas las personas deseosas de recordar y comprender sus sueños.

Le rêve et ses bénéfices expone testimonios inspiradores que despertarán tus ganas de conocer tus sueños. Este libro expone con sencillez un método práctico para entender los mensajes ocultos en los sueños y beneficiarse plenamente de su comprensión.

Comment aider mon enfant à mieux dormir ofrece a los padres y los educadores todas las herramientas necesarias para superar los diferentes problemas relacionados con el sueño infantil. Esta guía enseña las trampas que hay que evitar y estrategias de probada eficacia para vencer las dificultades.

Sueño con dormir mejor responde a las cuestiones más frecuentes al respecto y es válido para todas las edades: desde el estudiante hasta la persona muy mayor, del hombre de negocios a la estresada mujer embarazada. Este libro aporta toda la información esencial para gozar de un sueño reparador, guiando al lector hacia medios concretos y soluciones terapéuticas para dormir mejor.

Une discipline sans doleur propone métodos de intervención eficaces, prácticos y no violentos para corregir actitudes indeseables en los niños e inculcar hábitos sanos de vida. Además, las diferentes estrategias están apoyadas por numerosos ejemplos concretos, según los grupos de edad.

ÍNDICE

¡dibújame un cordero!

Cómo interpretar
los mensajes de los niños
a través de sus dibujos

Joe-Ann Benoit
Graziella Pettinati

EDICIONES OBELISCO

Desde la noche de los tiempos el dibujo ha sido un medio privilegiado para comunicar un mensaje, una emoción o una idea. A partir de esta premisa, Joe-Ann y Graziella ofrecen el fruto de su experiencia para que padres, abuelos, educadores y profesionales de la educación puedan comprender mejor el mundo interior del niño. El dibujo prepara a los niños, de manera natural, para el aprendizaje del gesto gráfico. El tipo de trazo, el uso del espacio, el simbolismo de los colores y los símbolos universales son algunos de los aspectos que nos permitirán interpretar los dibujos de los niños. A medida que crecen y aumenta su capacidad cognitiva, los niños emplean técnicas cada vez más sofisticadas de dibujo.

Con el fin de ayudarles en este proceso, las autoras responden a numerosas preguntas, tales como: ¿qué clase de lápices ofreceremos a los niños?, ¿cómo ayudarlos a sostenerlos correctamente?, ¿cómo animarlos a adoptar una postura ergonómica?, ¿de qué forma se establece la dominancia manual (derecha o izquierda)? Cada vez que un niño nos enseña un dibujo propio nos está mostrando su mundo interior, y en nuestras manos está poder descifrarlo.

Cuando nos proponemos regalar un juego a un niño, quien en muchas ocasiones suele estar acostumbrado a recibir una gran cantidad de obsequios, con frecuencia nos sentimos desorientados ante la variedad y el número de opciones tan distintas que nos ofrece el mercado. Al final, escogemos el juguete más caro o el más vistoso, para acabar comprobando más tarde que, lamentablemente, el niño se lo está pasando mejor con el envoltorio que con el contenido. Escrito a partir de las respuestas de los especialistas (psicólogos infantiles, pediatras, educadores, maestros...), que ofrecen sus diferentes puntos de vista junto con numerosos consejos prácticos fruto de su experiencia, este libro pretende ser una guía argumentada, irónica y divertida para que podamos escoger el juguete «adecuado», elaborada a partir de las voces de los expertos y de quienes están más directamente interesados en el tema: los niños. *Manual para ayudar a los padres en la difícil tarea de educar a sus hijos eligiendo los juegos más adecuados de entre miles de alternativas.*